幽雅
阅读
③

恰如灯下故人

谛听中国瓷器妙音

霍华 著

北京大学出版社
PEKING UNIVERSITY PRESS

图书在版编目（CIP）数据

恰如灯下故人：谛听中国瓷器妙音 / 霍华著 . —北京：北京大学出版社，2017.7
（幽雅阅读）
ISBN 978-7-301-28429-2

Ⅰ.①恰… Ⅱ.①霍… Ⅲ.①瓷器（考古）—介绍—中国 Ⅳ.①K876.3

中国版本图书馆CIP数据核字(2017)第137275号

书　　名	恰如灯下故人：谛听中国瓷器妙音 Qiaru Dengxia Guren
著作责任者	霍华 著
策划编辑	杨书澜
责任编辑	魏冬峰
标准书号	ISBN 978-7-301-28429-2
出版发行	北京大学出版社
地　　址	北京市海淀区成府路205号　100871
网　　址	http://www.pup.cn　新浪微博：@北京大学出版社
电子信箱	zpup@pup.cn
电　　话	邮购部 62752015　发行部 62750672　编辑部 62752824
印 刷 者	北京中科印刷有限公司
经 销 者	新华书店
	787毫米×1092毫米　A5　9.25印张　166千字 2017年7月第1版　2024年6月第3次印刷
定　　价	78.00元

未经许可，不得以任何方式复制或抄袭本书之部分或全部内容。
版权所有，侵权必究
举报电话：010-62752024　电子信箱：fd@pup.pku.edu.cn
图书如有印装质量问题，请与出版部联系，电话：010-62756370

总序

幽雅阅读

北京大学副校长　吴志攀

一杯清茶、一本好书，让神情安静，寻得好心情。

躁动的时代，要寻得身心安静，真不容易；加速周转的生活，要保持一副好心情，也很难。物质生活质量比以前提高了，精神生活质量呢？不一定随物质生活提高而同步增长。住房的面积大了，人的心胸不一定开阔。

保持一个好心情，不是可用钱买到的。即便有了好心情，也难以像食品那样冷藏保鲜。每一个人都有自己高兴的方法：在北方春日温暖的阳光下，坐在山村的家门口晒晒太阳；在城里街边的咖啡店，与朋友们喝点东西，天南地北聊聊；精心选一盘江南丝竹调，用高音质音响放出美好乐曲；人人都回家的周末，小孩子在忙功课，妻子边翻报纸边看电视，我倒一杯清茶，看一本好书，享受幽雅阅读时光。

离家不远处，有一书店。店里的书的品位，比较适合学校教书者购买。现在的书，比我读大学时多多了；书的装帧，也比过去更讲究了；印书的用纸，比过去好像也白净了许多。能称得上好书者，却依然不多。一般的书，是买回家的，好书是"淘"回家的。

何谓要"淘"的好书？仁者见仁，智者见智。依我之管见，书者，拿在手上，只需读过几行，便会感到安稳，心情如平静湖面上无声滑翔的白鹭，安详自在。好书者，乃人类精神的安慰剂，好心情保健的灵丹妙药。

在笔者案头上，有一本《水远山长：汉字清幽的意境》，称得上好书。它是"幽雅阅读"丛书中的一本，作者是台湾文人杨振良。杨先生祖籍广东平远，2004年猴年是他48岁的本命年。台湾没有经过大陆的"文革"，中国传统文化在杨先生这一代人知识与经验的积累中一直传承下来，没有中断，不需接续。

台湾东海岸的花莲，多年前我曾到访过那里：青山绿水，花香鸟鸣。作者在如此幽静的大自然中写作，中国文字的诗之意境，词之意趣，便融入如画的自然中去了。初读这本书的简体字书稿，意绪不觉随着文字，被带到山幽水静之中。

策划这套书的杨书澜女士邀我作序，对我来说是一个机缘，步入这套精美的丛书之中，享受作者们用情感文字搭建的"幽雅阅读"想象空间。这套书包括中国的瓷器、书法、国画、建筑、园林、家具、服饰、乐器等多种，每种书都传达出独特的安逸氛围。但整套书之间，却相互融合。通览下来，如江河流水，汇集于中国古代艺术的大海。

笔者不是中国艺术方面的专家，更不具东方美学专长，只是这类书籍不可救药的一位痴心读者。这类好书对于我，如鱼与水，鸟与林，树与土，云与天。在生活中，我如果离开东方艺术读物，便会感到窒息。

中国传统艺术中的诗、书、画、房、园林、服饰、家具，小如"核舟"之精微，细如纸张般的景德镇薄胎瓷，久远如敦煌经卷上唐墨的光泽，幽静如杭州杨公堤畔刘庄竹林中的读书楼，一切都充满着神秘与含蓄之美。

几千年来古人留下的文化，使中国人有深刻的悟性，有独特的表达，看问题有特别的视角，有不同于西方人的简约。中国人有东方的人文精神，有自己的艺术抽象，有自己的文明源流，也有和谐的生活方式。西方人虽然在自然科学领域，在明清时代超过了中国。但是，他们在工业社会和后现代化社会，依然不能离开宗教而获得精神的安慰。中国人从古至今，不依靠宗教而在文化艺术中获得精神安慰和灵魂升华。通过这些可物化可视觉的幽雅文化，并将它们融入日常生活，这是中国文化的艺术魅力。

难道不是这样吗？看看这套书中介绍的中国家具，既可以使用，又可以作为观赏艺术，其中还有东西南北的民间故事。明代家具已成文物，不仅历史长，而且工艺造型独特。今天的仿制品，虽几可乱真，但在行家眼里，依然无法超越古代匠人的手艺。现代的人是用手做的，古代的人是用心做的。当今高档商品房小区，造出了假山和溪水，让居民在窗口或阳台上感受到"小桥流水人家"，但是，远在历史中的诗情画意是用精神感悟出来的意境，都市里的人难以重见。

现代中国人的服饰水平，有时也会超过巴黎。但是，超过了又怎样呢？日本人的服装设计据说已赶上法国，韩国人超过了意大利。但是，中国服装特有的和谐，内在的韵律，飘逸的衣袖，恬静的配色，难以用评论家的语言来解释，只能够"花欲解语还多事，石不能言最可人"。

在实现现代化的进程中，我们千万不要忽视了自己的文化。年近花甲的韩国友人对笔者说，他解释中国的文化是"所有该有的东西都有的文化"，美国文化是"一些该有的东西却没有的文化"。笔者联想到这套"幽雅阅读"丛书,不就是对中国千年文化遗产的一种传播吗?感谢作者,也感谢编辑,更感谢留给我们丰富文化的祖先。

阅读好书,可以给你我一片幽雅安静的天地,还可以给你我一个好心情。

2004 年 12 月 8 日于北大蓝旗营

目录

总序　幽雅阅读　吴志攀　iii

一　无限天地在其间　1
二　飞翼带我去翱翔　25
三　佛门圣花开南朝　46
四　盘口瓶与万寿尊　60
五　唐宋民窑留佳句　68
六　青瓷如玉彩瓷娇　82
七　金刚宝塔传佳话　96
八　携来世界曾游　120
九　瓷中骄子珐琅彩　140
十　三只瓷盘的遐想　164
十一　天龙地黄铺宫瓷　180
十二　吉祥如意自风流　198
十三　瓷母的三阳开泰　210
十四　最是难忘东巡时　222
十五　也可以清心　245
十六　想起了外销紫砂壶　264

"幽雅阅读"丛书策划人语　284

一

无限天地在其间

火，是人类利用的第一种自然力。

泥土，是人类的大地母亲。

烧一把火，炼一团泥，成了陶器。陶器是多元的发明，世界上所有古老的民族都有自己的陶器，瓷器则是华夏先人的创造。

成熟的瓷器始烧于公元1世纪的东汉时期。在中国古代工艺品中，瓷器的产量最大，沿用时间最长（图1-1）。大约从公元前18世纪的夏代晚期瓷器就开始进入了中国人的生活。2003年，在河南省洛阳附近的二里头文化下层的宫殿遗址（考古界有一种观点认为，这是夏代晚期的宫城遗址）中，发现了一片原始青瓷

图 1-1 北宋珍珠地划花虎纹瓷瓶。高 31.9 厘米,口径 7.1 厘米,足径 9.5 厘米。故宫博物院收藏,采自李辉柄主编:《故宫博物院藏文物珍品全集·两宋瓷器·上》178 号,商务印书馆 1996 年。

残片,它的时代是公元前 18 至公元前 15 世纪。由于它的原料是瓷土,可以承受高温,表面罩有釉,所以,古陶瓷界认为,虽然它的烧成温度未达到瓷器的烧成温度 1280℃,但是,它具有瓷器的基本特质,故称之为原始青瓷。

中国人认为,陶和瓷的本质区别在于原料和烧成温度,陶器的原料是陶土,它不能承受 1280℃ 以上的高温,在高温下会坍塌变形;瓷器的原料是瓷土和高岭土(Kaolin)。它的可塑性强,可以由人所欲地施展工艺技巧,做成各种形状,再上釉彩而成为瓷器。西方人对瓷器的要求则更加苛刻，认为具有透影性和白色胎子的"瓷器"才是真正的瓷器。英语中的china是对宋代以前瓷器的称呼，对于元代，特别是明清时期的硬质瓷有另外的称呼——porcelain。

原料是烧瓷的基本条件，火是烧瓷的决定因素。

瓷土是中国大地上最丰富的资源之一，山间的露天瓷土矿开采起来并不十分困难。在北方，瓷土与煤层共生，有煤层的地方就有瓷土层。现代大部分烧瓷器的瓷窑是置于室内的煤气窑（图1-2），全国都如此。20世纪五六十年代之前，北方馒头式瓷窑以煤为燃料，在南方，浙江、福建用龙窑（图1-3-1），景德镇是鸭蛋形窑，都用松柴。

龙窑是最早的瓷窑。浙江德清发现了西周时期至战国中期的窑址；2001年，萧山的前山窑址中发现了春秋中晚期长达13米的龙窑，这是迄今发现的商周时期最长、最完整的烧制原始瓷和印纹硬陶的龙窑窑炉。景德镇的清代瓷窑在外面搭有窑房，它看上去好像一座长方形的"礼堂"，一侧的顶部伸出高高的烟囱（图1-3-2）。窑房是穿逗式木构架建筑，窑炉约占四分之一的面积，窑炉为穹窿顶，结构与无梁殿顶部结构相似，高度6米，长15-20米。窑炉以外的地方是两层结构，底层为装匣和开窑之用，二楼堆放松柴。

图 1-2 现代煤气窑

一 无限天地在其间

图 1-3-1 浙江省龙泉市大窑村枫洞岩窑址的龙窑。2006年9月至2007年1月,浙江省考古研究所对浙江省龙泉市大窑村枫洞岩窑址进行了发掘,因出土了龙泉窑明代官器轰动考古界和古陶瓷界。现在,这里建起了遗址博物馆。霍华摄于2011年11月20日。

图 1-3-2 景德镇古窑博物馆内的窑房。霍华摄于2009年5月。

烧制瓷器不像绘画。绘画是画者将个人的情感一倾如泻地泼向纸墨，即成好作品，而烧瓷是人与自然的磨合。采泥、练泥、制坯、绘画、上釉，这些工序的完成，仅仅是制瓷的开端，景德镇窑工说，"瓷器全仗最后一把火"。古时，从瓷坯入窑到瓷器出窑，要经过烘坯、烧制、保温、降温等阶段，历时三十六，甚至近百小时；瓷器在窑炉中放的位置不同，烧窑时的气温和湿度差异，甚至人们烧窑时的心理状态，都会对瓷器的成品质量产生很大的影响。所以，古人烧窑，除了一定要选择好天气开窑，还有诸多禁忌，例如，在景德镇，女子不能上窑。至于传说——为了烧出皇帝所要求的精美瓷器，女儿跳入窑内以身救父，那是经过现代人改编的动人故事。在景德镇清乾隆年间的传说中，跳入窑中捐身的是一位神，它化作本地的窑民，姓童，来拯救当时景德镇的数十万窑工。现在景德镇仅存屈指可数的几座柴窑。1988年，我到景德镇做调查时，只能在稍远处观看它，而不敢近前。

在烧窑成功之后，还要祭祀窑神。清乾隆时期的《陶冶图编次》，以图说的形式展示了20道景德镇官窑的制瓷工艺，最后一道是"祀神酬愿"。烧窑成功之后，人们要搭台唱戏，以表示对窑神的敬畏和酬谢之心（图1-4）。实际上这是一项与烧瓷工艺完全无关的事情，但是，它却成了一项重要的压台工艺。这

图1-4 《陶冶图编次·祀神酬愿》

种现象，不仅是古代中国，也是世界性的一种文化现象。

人在旅途，安身立命。谋生固然为安身，但是，不管你是否有宗教信仰，立命是安身的另一个重要层面。一个人活着，总有所求，为生活，为家庭，为自己，为朋友，为钱财，为理想，为事业，为国家等等，即使人到无求境自高的境界，也是在追求自己的操守。中国古代有各种各样的神，每个行业都有自己的保佑神，使人们有所求。种地有先农神，制茶有茶神，烧窑也有窑神。

在20世纪的后几十年中，中国人的思想被"与天斗其乐无穷，与地斗其乐无穷，与人斗其乐无穷"的"大无畏"精神所垄断，除了这种"革命"精神，其他的信仰一律都被当做封资修思想破除。"文化大革命"结束，立命的大厦倾倒，一种被愚弄的感觉在人们心间弥漫，似乎一切都变得无所谓，没有了规则，又将安身在何处呢？

和谐的社会，需要秩序，需要建立规则。哪怕是游戏。

烧瓷器的规则和中国人做事遵循的法则一样：天时、地利、人和。

瓷器有很强的可塑性，原料价格低廉，加之中国人似乎对火和瓷土有天生的驾驭能力，从夏代晚期，就拉开了《火·土·人》这出大戏的帷幕。

上海博物馆收藏着一件战国原始青瓷兽面鼎（图1-5），口沿半侧约二分之一处上支一只兽首，另一侧口沿下竖支一条小兽，两侧有一对带孔洞的长方形耳，下设三只矮蹄足。口沿下装饰着精细的刻画纹饰。这件造型略显怪异的鼎是战国时期具有代表性的器物。这件原始青瓷兽面鼎的造型，是对青铜器的模仿。青铜器是商周时期的重器。它用造型和线条表达了原始宗教

图1-5 战国青釉原始青瓷兽面鼎。高14.9厘米,口径13.8厘米。上海博物馆收藏。采自安金槐主编:《中国陶瓷全集2》207号,上海人民美术出版社,2000年。

的情感、观念和理想,以及宗法社会统治者的威严和意志,具有震撼人心的感染力。青铜器坚利的金属材质能充分传达这种狞厉神秘的感觉。但是,春秋战国时期,在越国和吴国一带的贵族大墓中,流行以原始青瓷礼器陪葬的习俗。这些原始青瓷模仿青铜器的造型,制作非常精美,尤其是越国的原始青瓷,体形大,工艺精,几乎和青铜器如出一辙(图1-6)。瓷土经过火的煅烧,表现出坚硬的质感。原始青瓷,声音铿锵,有金属音质,它为环太湖地区吴越贵族找到了一种可望并可即的随葬品,原始青瓷甬钟、原始青瓷錞于、原始青瓷钩鑃和原始青瓷鼎,

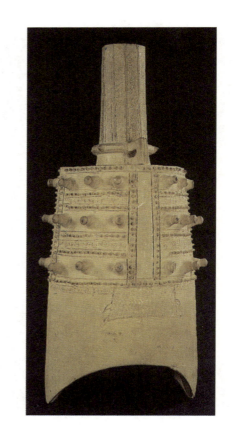

图1-6 春秋青釉原始瓷甬钟。高33厘米,铣宽13.9厘米。浙江省博物馆收藏。采自《中国陶瓷全集2》222号。

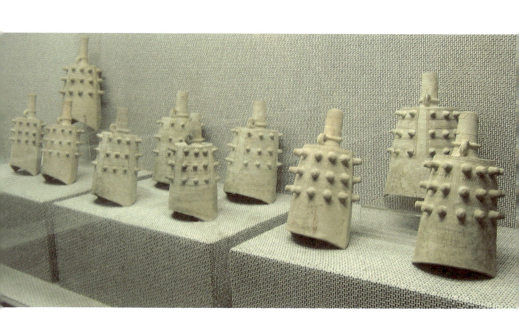

图1-7 战国青釉原始瓷编钟。无锡锡山区鸿山吴国贵族墓出土。

作为礼器,成套成组地出土于吴越贵族墓葬中(图1-7),这样既节约了贵重的铜料,又不失贵族的威仪,吴越人务实的传统在两三千年前的春秋战国时期就有所显现。

我们现在看到的商周至唐代的瓷器,在当时,绝大部分并不是艺术品,而是明器,是对青铜器、玉器、漆器的仿制。商周至

图 1-8-1 西汉青铜羊灯。高 18.6 厘米，长 23 厘米。河北满城陵山中山靖王刘胜墓出土，河北省博物馆收藏。采自《中国青铜器全集 12》110 号，文物出版社，1998 年。

东汉时期的青铜器，两汉的漆器、帛画和玉器，这些高档的随葬品，不管它们曾经多么盛行，到了三国两晋南北朝时期，即使是在贵族的墓葬中，也大多以陶瓷器代之。怪兽玉尊、青铜羊灯不再随葬，而用瓷器代替。图 1-8-1 中的西汉青铜羊形灯的背上挖空了一块，它被放到羊的头顶上作承盘；图 1-8-2 中的西晋青釉瓷羊插座造型承袭西汉青铜羊灯，造型基本完整，但它的头顶被开了一个洞，可以插物件。

南京博物院收藏的西晋青釉神兽尊（图 1-9-1），为国宝级文

图1-8-2　西晋青釉瓷羊。高20.3厘米，长26厘米。1958年江苏省南京市西岗果木场西晋墓出土。南京博物院藏。采自徐湖平策划：《华夏瑰宝》第45页。

物。神兽口衔珠，四掌相撑；两侧各有三条横系，罐的背面有五条横置的鳍，器物周身刻着排列整齐的篦划纹，两侧有戳印纹，象征性地表现皮毛和飞翼。神兽尊这种奇特的造型灵感来自东汉的玉器（图1-9-2）。

浙江临安市博物馆收藏着一件青釉褐彩熏炉，出土于晚唐五代时期吴越国第一个国王钱镠的母亲水邱氏墓，它是当时瓷器中最具有代表性的作品。熏炉通高66厘米，器身由盖、炉、座三部分组成，炉下有五条虎首兽足，虎额上印有"王"字，罩

图 1-9-1 西晋青釉瓷神兽尊。高 27.9 厘米，口径 13.3 厘米。1976 年江苏省宜兴市周墓墩出土，南京博物院收藏。采自《中国陶瓷全集 4》82 号。

图 1-9-2 东汉玉飞熊。高 6.8 厘米，宽 6 厘米，厚 4.5 厘米，江苏省扬州市邗江区甘泉老虎墩东汉墓出土，江苏省扬州市博物馆收藏。采自殷志强、张敏主编：《中国出土玉器全集 7》，科学出版社，2005 年。

一 无限天地在其间

图1-10-1 唐五足银薰炉。通高30.5厘米,炉身直径21.6厘米,盖径16.6厘米,1970年西安市南郊何家村唐代窖藏出土,陕西省博物馆收藏。采自杨伯达主编:《中国金银玻璃珐琅器全集2·金银器(二)》37号,河北美术出版社,2004年。

青釉,施褐彩,绘着如意云纹。无独有偶,在法门寺地宫中,出土了唐代皇室供奉释迦牟尼佛祖的鎏金银薰炉(图1-10-1)。浙江钱越国是著名的秘色瓷产地,完全有条件烧制出与金银器异曲同工的瓷薰炉(图1-10-2)。唐宋时期的许多窑场都仿照金银器烧制瓷器,图1-1宋代瓷瓶上的珍珠地划花工艺就是借鉴了金银器的錾花工艺,也是宋代瓷器精品。

中国古代瓷器不仅仿青铜器、漆器、玉器、金银器,至清代乾隆时期,正像当时人朱琰在《陶说》中记叙的那样:"戗金、镂银、琢石、髹漆、螺钿、竹木、匏蠡诸作,无不以陶为之,

图 1-10-2 唐代越窑褐彩如意头纹瓷薰炉。通高66厘米,1980年浙江省临安市唐水邱氏墓出土,浙江省临安市博物馆收藏。采自《中国陶瓷全集(5)》99号。

一 无限天地在其间

图1-11 清乾隆官窑仿木釉瓷碗。高4.6厘米,口径13.4厘米,足径9.1厘米,南京博物院收藏。采自《中国清代官窑瓷器》第355页。

仿效而肖。近代一技之工,如陆子刚治玉、吕爱山治金、朱碧山治银、鲍天成治犀、赵良璧治锡、王小溪治玛瑙、蒋抱云治铜、濮仲谦雕竹、江千里螺钿、杨埙倭漆,今皆聚于陶之一工。"清乾隆官窑有仿金釉、仿银釉、仿红宝石釉、仿蓝宝石釉、仿玉釉、仿雕漆釉、仿朱漆釉、仿木釉、仿斑花石釉、仿青田石釉、仿青铜釉及象生瓷等品种。

仿木釉特种工艺瓷始于清雍正官窑,这件仿木釉瓷碗(图1-11)述说着民族团结的佳话。藏传佛教在汉地的传播,始自元代。17世纪中叶,满族入主中原,对藏传佛教采取了既尊崇又限制的政策。针对班禅、达赖两大活佛在藏族人民心中有着至尊地位的状况,清朝廷决定采取多封众建、以分其势的政策。清朝廷对青海佑宁寺章嘉活佛系统的扶持，就是实施这项政策的最好例子。

三世章嘉活佛若贝多杰 7 岁就被送到北京，当时掌朝的雍正皇帝让他与皇四子弘历——后来的乾隆皇帝——一起读书，由此，三世章嘉活佛与乾隆皇帝开始了长达 60 年的友谊。由于这个背景，有极高艺术修养的乾隆皇帝，于他当政时期，授意乾隆官窑生产了一些具有藏式特色的官窑瓷器，清乾隆官窑外仿木釉内金釉碗就是其中之一。

在藏区常见这种造型的木碗，它的腹部很浅，是典型的藏传佛教徒生活用品。藏族僧人平时将它揣于怀中，吃东西的时候拿出来使用，用完再揣回去。这种碗，许多木料都可以制作，其中有一种由扎木亚（译音）树的树节做成的，被称为扎木亚碗，即汉族所说的瘿木碗。但是，由于时代变迁，它现在已不多见。扎木亚碗有三种形制和用法，纯木质的扎木亚碗用于喝茶等热饮；内壁包金、银的扎木亚碗十分珍贵，用于饮青稞酒等"冷饮"；内壁不仅包着金、银，而且在碗心还镶嵌宝石的扎木亚碗就更珍贵了。藏族民间认为，用内壁包金银的扎木亚碗喝饮料，可以预防和医治在高原地区最常见的偏瘫和心血管病。

象生瓷的种类也很繁多，有胡桃、花生、菱角、茨菰、海螺、螃蟹、栗子、石榴、桃等，形象皆足以乱真，充分表现出

优质瓷土的可塑性、陶人的技艺与瓷釉的表现力（图1-12）。

古陶瓷不仅在造型上表现出无与伦比的可塑性，在纹样方面也使人感到意趣横生，随手拈来，皆成"文章"。金代一件极其普通的瓷枕（图1-13），枕面寥寥几笔，绘着一只生机盎然的寿带鸟。

自然界中，全世界有12种寿带鸟，其中中国有寿带鸟与紫寿带鸟2种（图1-14）。寿带鸟是中国鸟类的正式命名，学名是

图1-12 清乾隆官窑螃蟹花生核桃象生瓷。通高6.5厘米，口径22厘米，足径12.5厘米，故宫博物院收藏。采自叶佩兰主编：《故宫博物院藏文物珍品全集·珐琅彩粉彩》151号，商务印书馆，1999年。

恰如灯下故人

图 1-13 金代磁州窑白地黑花寿带鸟纹瓷枕。香港杨永德先生收藏。

Terpsiphone paradisi，英文名为 Asian Paradise Flycacher，中文为亚洲天堂鹊之意，别名有一枝花、紫带子、长尾翁、长尾练鹊等，它的叫声吉利，音调似"求福—求福—求"。如此吉利的口彩，人们自然喜欢，在宋金时期的磁州窑瓷枕上有许多寿带鸟的纹样。

唐代铜镜上常见双鸾衔绶带的装饰图案，寓意"官运亨通"，于是就有了绶带鸟的纹样名称。古代工艺品纹样讲究谐音和寓意，寿带鸟寓意长寿，绶带鸟寓意禄位通达。20 世纪 50 年代，近代画家陈之佛先生的笔下就常常出现题名为绶带的形象，那是以寿带鸟的形象为原型的艺术创作，雅致艳丽的画面透出

图 1-14 绶带鸟。采自顾文仪:《中国观赏鸟》第 79 页,香港万里书店有限公司,1988 年。

对新中国成立初期欣欣向荣祖国的祝福（图 1-15）。从金代民窑的瓷枕到陈老的祝福，串起了历代中国人对美好生活的向往与追求。

当青铜饕餮以凌厉狰狞之美震撼着商周先人的时候，原始青瓷悄然出现；当秦汉漆器、帛画以轻灵的意韵铺洒神怪浪漫情调之时，瓷器完成了从原始到成熟的过渡；当南北朝的佛教借石窟壁画的魅力使人们沉浸在虚幻幸福之中的时候，瓷器逐渐走入了人们的生活，以至于在隋唐时期"天下通用之"，而终于在明代登上了主流器物的舞台。瓷土的可塑性是其他材质不可比拟的，它可以相形付物，烧成的瓷器雅俗共赏。流传至今、地下出土的古代遗物中，瓷器最多。它俗随日用，雅入高堂，从民间的饮食起居到皇宫的陈设摆饰，从普通农舍的日常用品到皇家祭祀的庙堂礼器，从事死如事生的冥间随葬品到佛堂企求精神解脱的佛事五供，从中国古老的传说到欧洲上流社会的家族徽章，从唐诗宋词的意境到菱角花生等小吃的形象，都有瓷器的踪迹，而明清时期更以官窑、民窑的分水岭为官本位的中国文化做出了深刻形象的诠释。

赏玩瓷器，被原始青瓷的神秘所折服，为东汉六朝青瓷、黑瓷的古朴而陶醉，对隋唐白瓷的精美感到不可思议，被宋代青瓷如玉般的釉色而倾倒，也面对元代青花、釉里红的大气发出

图 1-15　荔枝绶带。陈之佛绘,南京博物院收藏。纵 51 厘米,横 35 厘米,采自《陈之佛工笔花鸟》第 77 页,荣宝斋出版社,2006 年。

由衷的赞叹,更沉浸于明清官窑瓷的美轮美奂、民窑器的洒脱和外销瓷的奇妙之中,被它纵横上下五千年,跨越四大洋所散发出来的人文力量所折服。

看着这样的瓷器,我每每被感动。世界是多么的美妙。这美妙的世界不仅是大自然,也包括人们创造的人工自然,还有这些古陶瓷中的奥秘和情趣。不管你是否曾经接触过古陶瓷,都可以在这出大戏中发现自己心仪的一段。在这里,没有丝毫的占有欲,有的只是对历史趣闻的回顾,对古瓷的欣赏,对古人创造力的赞叹。

让我们留下一点空间,让思绪偶尔离开繁闹的尘世,去追寻悠古的情志,去巡游瓷戏中的美好,听它述说,与它交流,找寻知音……

二

飞翼带我去翱翔

青瓷辟邪形插座，也被称作青瓷狮形插座，是六朝青瓷中的典型器物（图2-1）。它的图像有两个显著特征，一个是狮子的造型，另一个是飞翼的形象。

狮子这种猫科动物，史前就出现在欧洲，雄狮威风凛凛的威武气势令人震撼，被人们视为兽中之王。在亚述帝国和古印度，狮子是具有象征性的猛兽。

公元前9世纪，亚述王亚述纳西尔伯二世把首都迁到伊拉克底格里斯河上游的临河之处，现在摩苏尔的南面，修建了宁鲁德皇宫，现在摩苏尔则因伊美战争而更加出名。公元前9世纪

图 2-1 西晋青釉辟邪形瓷插座。高 12.5 厘米,长 19 厘米,1964 年江苏省南京市板桥镇石闸湖西晋永宁二年(302)墓出土,南京市博物馆收藏。采自《中国出土瓷器全集 7》39 号,科学出版社,2008 年。

至 7 世纪期间,借着强大武力为后盾,亚述帝国征服了西亚各民族,以君主专制的政体君临天下。国王日常的各项活动中,最重要的是猎狮。所谓猎狮,就是将饲养在皇家动物园里的狮子驱逐于狩猎场上,狩猎者随后分别乘坐战车或马匹追逐奔驰,用弓箭和长矛射杀之。这种情形和中国清代皇帝的哨鹿围猎——在皇家的木兰围场,让人戴上鹿头,装作鹿鸣,引出真鹿以供皇帝猎射——有些相似。

图 2-2 宁鲁德宫殿遗址浮雕局部，公元前7世纪。大英博物馆收藏。采自《人类文明史图鉴 6·崛起的帝国》第 108 页，台湾出版家文化事业股份有限公司，1987 年。

当时亚述帝国的国王，不仅收集各地的财物珍宝，而且将最杰出的优秀艺术人才都集中于京都。此时亚述帝国的艺术品材质，从黏土转向了制作大理石浮雕，使皇宫与神殿更加具有艺术魅力与永恒气质，这些浮雕成为宫殿与神殿墙壁上的最佳装饰。国王的日常生活，如祭祀仪式、狩猎、战争和远征为题材的浮雕，像一幅幅画卷似的展示在王宫的走廊和接见使臣的厅堂内，其中有很多描写亚述国王猎狮的惊心动魄场面（图 2-2），彰显了国王的威严（图2-3）。这些浮雕的雕工手法圆熟精练，充分把握了受伤狮子肌肉的动感和被杀死的那一瞬间极痛苦而又不甘心的表情，国王的衣服、战车和马匹等细微部分，也都显示出艺术的精绝巧妙。

这种艺术的精绝巧妙，不仅通过国王的威严来显示，而且还以奴隶的悲剧表现出来（图2-4）。在宁鲁德宫殿遗址中，发现过公元前9—8世纪的象牙化妆箱残片，这是宁鲁德出土的象牙工艺品种中最出色的作品。黑人的头部、手足用金箔斩成，上面的丛林和台座镶嵌着红色宝石和蓝色琉璃。这件作品，不仅具有艺术震撼力，还显示出悲剧"把美毁灭给人看"的人文震撼力。

这是狮子的图像在公元前9—7世纪亚述帝国的情景，那么，在古印度呢？

公元前325年，古印度人旃陀罗笈多率领当地人民揭竿而起，赶走了马其顿王亚历山大从印度河流域撤走时留下的驻军，建立了著名的孔雀王朝。公元前3世纪，经过残酷激烈的内战，古印度摩揭陀国孔雀王朝的第三代君主阿育王临政。他在位四十多年，在历史上享有很高的声誉，印度的孔雀王朝也成了印度历史上第一个强大的统一帝国。传说为了争夺王位，阿育王曾经谋杀了99个兄弟姐妹。他即位后，追随祖父旃陀罗笈多的事业，对外扩张，征服了孟加拉湾沿岸的强国羯陵伽。在不断的征战

图2-3 亚述帝国尼尼微王宫浮雕局部。浮雕描述著名的亚述巴尼拔国王（King Ashurbanipal）猎狮的场景。大英博物馆收藏。采自《大英博物馆纪念册》简体中文版第6页，2011年。

图2-4 被狮子袭击的黑人——首饰盒上的装饰。大英博物馆收藏。采自《世界博物馆全集6·大英博物馆》第40页图64。

中，他有感于残酷的战争使人民流离失所、满目疮痍的悲惨景象，在羯陵伽之役后不久，他听从高僧优波毱的训导，皈依了佛教。孔雀王朝与邻国互通使节，佛教随之传到周边国家以及缅甸、叙利亚、埃及、中国等世界各地。在中国宁波，也曾经有阿育王寺，在杭州、镇江和南京等地的佛塔遗址地宫中都出土过阿育王塔，阿育王的影响可谓大矣。佛教的创始当然应该归功于佛祖释迦牟尼，但是它的大规模传播，阿育王功不可没。

五千年过去了，在印度遗留下来不少阿育王孔雀王朝时期的石柱（图 2-5），上面刻有佛教教义的诗句，也有阿育王鼓舞人心的敕令。狮子高耸在石柱的莲花座上，当年，它俯视着孔雀王朝的臣民们，也把佛教的种子撒在古印度人的心田。

制作于公元前 3 世纪的阿育王石柱是佛教艺术早期的代表作，它一般用淡红褐色的硬质砂岩制成，直立的圆柱上雕着细长莲瓣组成的底座，上面覆顶板，板上塑着狮、象、牛等动物。阿育王石柱上的狮子有单匹狮和四方狮，它们都有着匀称的躯体，隆起的肌肉，虬卷的鬃毛，威风凛凛或半立或聚合于莲花座之上。张扬着帝王之风的阿育王石柱，诞生在遭受过希腊人的近亲——马其顿人——入侵的古印度，它那明晰有力的轮廓线雕法显示出高超的艺术水准和古希腊雕刻的遗风。

西晋青瓷狮形插座的造型绝大多数是单体，偶尔也有三体

图 2-5-1 阿育王石柱复原模拟图。采自《人类文明史图鉴 6·崛起的帝国》第 108 页,吉林人民出版社、吉林美术出版社,2000 年。

二 飞翼带我去翱翔

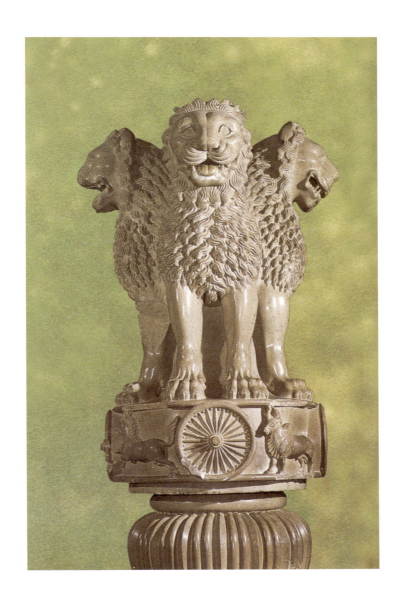

图2-5-2 阿育王四狮石柱复原图。

的。南京博物院收藏的青瓷三连狮形插座，因时代久远，上支的插柱已经残缺，三只狮子的臀部相连，背上共同支起一个圆口。据完整器物分析，上支的应该是一个高约10厘米、直径微微收敛的圆管。青瓷狮形插座出现的时间不长，流行于东吴到东晋的150年间，而在其后的南朝，狮形插座则以石质的写实雄姿，耸立在帝王的陵墓前（图2-6），这时，它们被称为辟邪或者麒麟。它们有的直接摆放在墓前神道的大地上，有的则站立在望柱端头。你看那南朝帝王陵墓前的石望柱和阿育王石柱的造型不正有异曲同工之妙吗？

图2-6　南朝梁南康简王萧绩墓前神道石柱。位于江苏省句容市石狮圩沟，全国重点文物保护单位。

图 2-7 战国错银青铜飞翼神兽。长 40 厘米,高 24 厘米,1970 年战国中山王墓出土,河北省文物研究所收藏。采自《中国考古文物之美·战国鲜虞陵墓奇珍 6·河北平山中山国王墓》图版 49 号,文物出版社,1994 年。

这些南朝帝王陵墓前的石刻还有一个共同特征——带有飞翼。

神兽上的飞翼形象是战国到六朝时期遗物的时代特征。从战国中山王墓出土的错银青铜飞翼神兽(图 2-7),到汉代玉器、漆器、石刻和画像石上的飞翼神兽(图 2-8),再到西晋青瓷飞

图 2-8-1 东汉辟邪石刻。河南省洛阳市博物馆收藏。霍华 2006 年 5 月摄。

图 2-8-2 东汉玉辟邪。高 18.5 厘米,长 18 厘米,宽 6.7 厘米,1978 年陕西省宝鸡市北郊墓葬出土,陕西省宝鸡市博物馆收藏。采自卢兆荫主编:《中国玉器全集 4·秦汉—南北朝》264 号,河北美术出版社,1993 年。

图 2-9 南朝梁武帝萧衍修陵神道麒麟石刻。高 2.18 米，身长 3.15 米，位于江苏省丹阳市云阳镇三城巷，全国重点文物保护单位。

翼狮形插座（图 2-1），又到南朝陵墓前的石刻飞翼神兽（图 2-9），狮形飞翼神兽雕塑从战国的青铜器中走来，经历了东汉石刻、西晋青瓷、南朝石刻，最后湮没于大唐盛世的镇墓兽中。在这个飞翼神兽链环中，西晋青瓷狮形插座最不起眼，体貌最小，但它也是其中不可缺少的一环。

飞翼神兽一般都出现在皇帝或者藩王的陵墓中，它的造型一直被皇家葬制传承，使用规格很高。在六朝石刻中，帝后墓前的飞翼神兽头上都有角，称作麒麟，王侯墓前的都没有角，称为辟邪。在东吴、西晋青瓷中，不仅是辟邪，有一类象生造型的器物，例如神兽尊、鹰首壶、羊形插座、虎子，它们的身上都有

图2-10 西晋青釉浅浮雕式瓷虎子。高20.4厘米,口径7.4厘米,长30厘米,1960年江苏省丹徒县出土,江苏省镇江博物馆收藏。采自《中国出土瓷器全集7》49号。

或戳印、或刻画、或浮雕的飞翼（图2-10）。

飞翼的形象在古代遗物中并不少见，在中国于汉代特别盛行，而且《汉书》上，还有人们给自己装上翅膀，试图飞起来的记载。《前汉书·王莽传》上说，西汉时期，有一位年轻的猎人，用鸟的羽毛，造了一幅巨大的翅膀，附在自己的身上，当众从高坡上跃下，尝试飞行，居然还飞了"几百步远"。这个两千年前的记载，是迄今见到的最早的人力飞行试验。

实际上，人笨重的身体是不具备飞行条件的。一般情况下，人的心脏质量只相当于人体质量的0.5%，而小蜂鸟竟达22%；人每千克体重所能产生的功率，比起飞鸟要小得多。试验证明，一个70千克的人，能够在10分钟内发出0.35马力的功率，那么，他每千克体重所能产生的功率仅仅为0.005马力，而一只鸽子，每千克体重却能产生0.075马力，是人的15倍。再说，小鸟不仅有适于飞行的完美的流线型外表，而且头骨比较轻，胸肌发达，便于操纵双翅运动，按照比例，人如果长了翅膀，要操纵它，必须要有1.8米宽的胸膛。这当然不可能。

在上小学二年级的时候，我和同学们当然还不懂得这些道理，但是我们非常羡慕小鸟在空中滑翔的情景，想象着自己也能在空中停留一下，哪怕是一两秒钟。于是，我们就试图撑着油布伞，从单元门洞口的平台上往下跳……现在，每当在电视

图 2-11　西汉晚期青铜飞翼人器座。高 15.3 厘米，1966 年陕西省西安市南玉丰村出土，西安市文物保护考古所收藏。采自《中国青铜器全集 12·秦汉》38 号，文物出版社，1998 年。

上看到飞人乔丹，手持篮球，在空中滑向篮筐的镜头，不知怎么，就会想到小时候手持油布伞，幻想能在空中停留一两秒的情景。

　　人们羡慕鸟能在天空自由自在地翱翔，幻想着自己也可以这样。这个愿望虽然实现不了，但是可以给幻想插上翅膀。汉代遗物中，飞翼是浪漫神秘的楚汉文化中最具表现力的形象（图 2-11）。正像李泽厚先生所说的"他们并不是以表面的动物

图 2-12 三国吴青釉褐彩羽人瑞兽纹瓷盖罐。通高 32.1 厘米,口径 12.6 厘米,底径 13.6 厘米,1983 年南京市雨花区长岗村出土,南京市博物馆收藏。采自《中国出土瓷器全集 7》27 号。

世界的形象,相反,而是以动物为符号或象征的神话——巫术世界来作为艺术内容和审美对象的。……西汉艺术展示给我们的,恰恰就是《楚辞》《山海经》里的种种"。这种风格一直延续到三国的青釉褐彩彩绘瓷上。南京雨花台出土的青釉褐彩羽人瑞兽纹瓷盖罐上绘着带飞翼的人物和瑞兽(图 2-12),它们和三国东吴、西晋青瓷上的飞翼形象一样,都是楚汉之风绵延的尾声。在这个尾声中,飞翼只是一个时代印记的符号,那种飘逸灵

恰如灯下故人 40 | 41

秀的楚汉韵味几乎荡然无存了。

飞翼形象不仅在中国,在外域也是古而有之(图2-13)。公元前7世纪亚述帝国宁鲁德王宫里的飞翼祭司浮雕(图2-14),王宫城门守护神——人首飞牛雕像,更是举世闻名(图2-15)。它们是世界上最早的飞翼图像,风格完全不同于中国汉晋艺术中那种灵秀的飞翼,也不同于后来的飘逸飞天与可爱天使,这些宽大的飞翼,高高地耸起,象征着无与伦比的力量和速度。

中外古代飞翼,不仅形象不同,内涵和所用的地方也不同。宁鲁德王宫里的飞翼祭司侍立在国王身后,人首飞牛雕像是人间的守护神,洋溢着阳刚之气;而中国古代的飞翼,是神鸟或者神灵的翅膀。鲲鹏展翅九万里,随风任逍遥,自由自在,这是神仙;羽人在楚汉文化中,是引导死者走向天堂的使者,那件青铜羽人就是墓中出土的器座;飞翼神兽链环中的器物,或是墓中明器,或是陵前神兽。不论是天上还是地下,它们都与人间无关,属于另一个世界,都具有怪秘灵异之感。

大鹏展翅九万里,飞翔是人类最原始的梦想之一,正像歌里唱的那样,"心犹在,梦就在"。不知是谁说过的,"世界上只有两样东西无法禁锢",其中之一就是思想,它乘着心的翅膀,自由自在地翱翔。

图 2-13　公元前波斯埃特鲁斯坎神庙的飞马雕像复原图。采自《人类文明史图鉴4·巨人时代》第 36 页。

图2-14 飞翼祭司浮雕。大英博物馆收藏。采自《世界博物馆全集6·大英博物馆》第17页图9"站立在圣树前的亚述纳西尔伯二世"。

二 飞翼带我去翱翔

图 2-15　公元前 9 世纪亚述帝国宁鲁德王宫城门前的人首飞牛雕像。大英博物馆收藏。采自《世界博物馆全集 6·大英博物馆》第 15 页图 2 "宁鲁德（Nimrud）王宫的城门"。

三 佛门圣花开南朝

中国的三国至南北朝（220—589）时期，正是佛教文化在古印度本土发展，达到巅峰状态，并且传遍广大亚洲地区的时期。东汉明帝永平年间，洛阳建成白马寺，以此为标志，佛教传入中国。在三国东吴到南朝时期的青瓷上有不少佛像与莲瓣纹，它们都是带有佛教文化色彩的纹饰。

青瓷莲花罐是南北朝时期（420—589）的典型器物，一般有大小两种类型，大莲花罐一般称作莲花尊，高达五六十厘米，最高的达八十余厘米，河南、湖北和江苏地区都有出土，它通体满布浮雕莲瓣纹和菩提叶纹（图3-1），那隆起的莲瓣和菩提

图 3-1 南朝青釉瓷莲花尊。通高 85 厘米，口径 20 厘米，足径 20.8 厘米，南京市博物馆收藏。采自《中国出土瓷器全集 7》61 号。

纹样，与以往瓷器上的中国传统装饰大相径庭，具有西域装饰艺术的夸张风格。小型莲花罐高约二三十厘米，腹部有浮雕仰莲瓣或者刻划莲纹（图3-2、图3-3）。南朝莲花罐的盖子为弧面，盖纽十分特别，呈方形，又被分割为八方，高度很矮，以至于提捏不起。如果从盖纽的用途来看，它几乎无用。

莲花罐的俯视造型恰似曼荼罗（坛城，Mandala or mandala）。曼荼罗，在印度教和佛教艺术中，是一种象征神秘宇宙的形式，一般形式采取一个圆形围绕着一个方形，通常伴有与之对称的众神（图3-4）。

起源于古印度的佛教，在东汉时期传入我国以后，至南朝时期，已经深入人心。"千里莺啼绿映红，水村山郭酒旗风。南朝四百八十寺，多少楼台烟雨中。"南朝著名诗人杜牧这首脍炙人口的《江南春》，就是当时佛教盛行的写照，南朝的四百八十寺也随之定格在人们的记忆中。今天有专家考证，南朝的四百八十寺大半建于南朝最繁荣的梁代，其中有二百二十六寺尚存，今天南京市郊的栖霞山千佛岩石窟寺就是当时的遗存。

佛祖释迦牟尼，公元前460年左右诞生于喜马拉雅山麓的蓝毗尼园（今尼泊尔境内），是迦毗罗卫城（Kapilavastu）净饭王（Śuddhodana）的公子。过着富裕豪奢生活的释迦却无法以此为满足，他时常为人类生老病死的问题而思索、苦恼。终于，释迦在

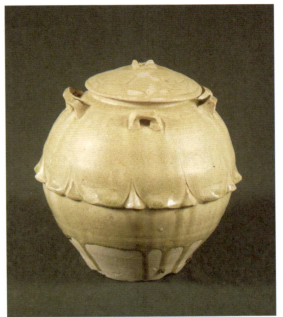

图 3-2 南朝青釉瓷莲花盖罐。通高 24 厘米,南京博物院收藏。采自徐湖平主编:《六朝青瓷》45 号,上海古籍出版社,1999 年。

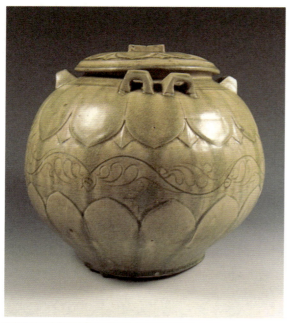

图 3-3 北朝青釉瓷莲花盖罐。通高 28 厘米,口径 15.5 厘米,足径 16 厘米,江苏省泰州市博物馆收藏。采自《中国出土瓷器全集 7》62 号。

三 佛门圣花开南朝

图 3-4 清铜胎掐丝珐琅坛城。高 80 厘米,直径 76 厘米,故宫博物院收藏。采自杨伯达主编:《中国金银玻璃珐琅器全集 6·珐琅器(二)》66 号。

完成了结婚生子的"义务"之后,在 29 岁那年一个寂静的深夜,悄悄地叫醒马夫,乘着爱骑离宫出走了。在此后的几年时间里,他一边遍访名师一边苦修,终于体悟到苦修并不能解脱苦恼,于是就在菩提树下静坐冥想,终于开悟而成佛陀(顿悟者)。此后,他因感到所悟之法十分深奥,原来并无意说法,但是,在梵天的苦心劝说下决意传道。他在贝纳拉斯(Benares)郊外的鹿野苑开始传授佛法,其后在恒河流域传道 45 年,度化世人无数,80 岁于拘尸那揭罗(Kusinagara)圆寂。

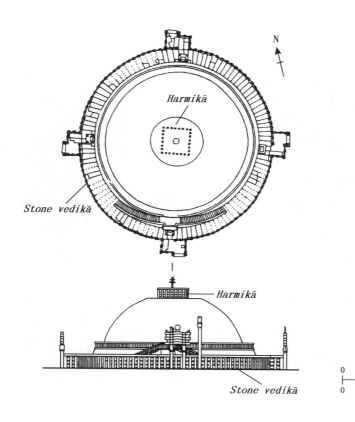

图3-5-1 古印度巽迦王朝的桑奇（Sangqi）佛塔示意图。采自［美］劳伦斯·斯切内特·亚当斯：《纽约城市大学·艺术鉴赏讲座》，上海人民美术出版社，2004年。

    佛祖如此伟大，佛教在古印度和周边国家如此深入人心，但是在建于公元前2世纪左右的印度著名的巽迦王朝桑奇（Sangqi）佛塔（图3-5）塔栏柱上出现的却只有药叉和后来成为四大天王的人物形象，而没有佛像。古印度孔雀王朝和其后的巽迦王朝信奉"无依涅槃"，认为佛祖是因舍弃肉体才进入完全涅槃（顿悟的境地）的，所以桑奇佛塔上不用人类的形象，而用佛座、佛足、宝轮、伞盖和圣树表示释迦牟尼佛的存在。桑奇佛塔的圆

图3-5-2 古印度巽迦王朝的桑奇(Sangqi)佛塔。采自《世界博物馆全集3·印度国立博物馆》第44页图73。

顶上是一个正方形的平台（The harmika），平台中间有三级相轮。在佛塔的俯视图上，这个平台就好比莲花罐的盖纽，相轮的位置就是莲花罐纽中间的凹槽所在，而莲花罐肩部的桥形耳，就相当于塔四周围栏（The vedika）的门。

奇妙的是，在韩国公州美术馆收藏着公元520年韩国武宁王陵出土的莲花罐，罐盖也是这种曼荼罗的形式（图3-6）。遥想当时韩国这块土地上的人们也一定能听到佛门的晨钟暮鼓。

恰如灯下故人

图3-3 韩口青釉莲花不言罐 远高26.2厘米 1971年韩国武宁王王陵出土，韩国公州博物馆藏。参考[韩]国立公州博物馆：《百济斯麻王—武宁王王陵发掘三十世周年足迹》，韩国，国立武宁王王陵，2001年。

三 佛门圣花开南朝

佛像的出现是古希腊、罗马雕塑和印度佛教文化的结晶。以"希腊人为父,佛教徒为母"的带有希腊风格的犍陀罗佛像艺术,出现于古印度的贵霜王朝,当时古印度被罗马人统治。在贵霜王朝早期,不仅佛像,其他诸神的容貌和服装也是古希腊式的(图 3-7),有的佛还是裸体(图 3-8)形象,虽然从后来的佛教教义上来说,这不合时宜。

裸体是古希腊艺术的表现形式之一,在古希腊人看来,人体是自然的完美表现形式,达·芬奇的《维特鲁威人》(图 3-9),将一位理想化男子的形象,放在方形和圆形的统一体中,将这种理念完美地表达出来。它画于一页笔记纸上,旁边还有达·芬奇的镜像文字。

这幅素描由一个圆形、一个正方形和一个人的身体组成。它们有一部分面积重叠在一起,大致有三个地方相交,两个是正方形的上面两个角,它们与圆周相交,第三个是正方形的底边,它外切于圆周,外切点正位于正方形底边的中点。人体就位于圆面与正方形重叠的区域之内。画中所描绘的是一个体形健美的裸体男子。这幅画非常奇妙,男子的手臂有左右平伸和分别上举的姿态,双腿有叉开和并拢的姿态,这样,手臂和双腿可以组合出 N 种不同的姿态,而手和腿的基本对称姿势只有两种:当双腿"稍息"时,男子站在圆周和正方形的焦点上,双腿叉开时两只脚则

右图5：公元2世纪印度贵霜王朝弥勒菩萨立像，印度马尔丹（Mardan）出土，印度加尔各答印度国立博物馆收藏。采自《世界博物馆全集3·印度国立博物馆》第46页图78。

三 佛门圣花开南朝

右图 3-8　2 世纪古印度贵霜王朝的佛像。印度新德里国立博物馆收藏。采自《世界博物馆全集 3·印度国立博物馆》第 61 页图 151。

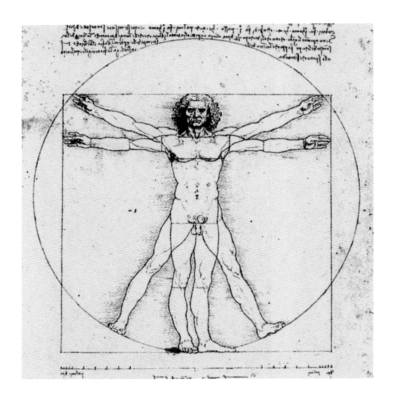

图 3-9 夕身纫多·达·芬奇作《维特鲁威的男人》1485—1490 年 钢笔与墨水 34.3×24.5 厘米 意大利威尼斯dell学院画廊收藏。采自[美]劳斯·斯切内特·亚当斯:《纽约城市大学·艺术鉴赏讲座》第 97 页图 5-4。

都踏在圆周上；两只手臂平举时，手刚好能够触及正方形的左右两条边，当它们上举时，则刚好能触及正方形与圆周的交点。

人是万物之灵，不仅在于头脑，也美在身体。

公元 2 世纪古印度贵霜王朝时期，具有西方人面容的犍陀罗佛像，睁着眼睛笑眯眯地看着世界，那种低垂眼帘，具有东方庄重静穆安详神态之佛（图 3-10），是佛像艺术发展到高峰时期的产物，那是公元 5 世纪以后的事情了。

而在中国的南朝，佛门圣花——莲花在盛开……

三 佛门圣花开南朝

图3-10 7世纪宝冠佛立像。高102厘米,印度鹿野苑出土,印度加尔各答印度国立博物馆收藏。采自《世界博物馆全集3·印度国立博物馆》第53页图98。

四

盘口瓶与万寿尊

1957年8月,在陕西西安的玉祥门外出土了一座墓葬,墓主是一位名叫李静训的9岁女孩——隋炀帝妹妹乐平公主的女儿。墓中出土了银餐具,铁剪,铁镲斗,骨梳,玻璃器,漆盒,隋五铢钱,金、玉、玛瑙首饰,包括房屋、灶、磨、碓、井、牛、镇墓俑、仪仗俑、家禽俑在内的陶明器,还有青釉大罐、青釉盘口壶、青釉罐、青釉盒、青釉七联罐、白釉螭首双把双联壶(图4-1)、白釉螭首双把鸡首壶,俨然一个地下人间。

李静训自幼丧父,由外祖母周皇后抚养,于大业四年(608)夭亡于汾源宫(又称汾阳宫),当年隋炀帝曾经在山西燕京山的

图 4-1　隋代白釉螭首瓷双把双联壶。高 26.5 厘米，口径 5.9 厘米，足径 7 厘米，1957 年西安市李静训墓出土，国家博物馆收藏。采自李辉柄主编：《中国陶瓷全集 5·隋唐》31 号。

恰如灯下故人

天池畔修建了这座行宫以避夏。这么幼小的独生女辞世而去，白发人送黑发人的悲哀笼罩在长辈的心头，他们在墓中放置了小公主生前所用的生活用品和装饰品，那些不可能搬入墓中，但又是必需的房屋、仆人等就做成明器随葬，他们希望爱女在冥间仍然能够愉快地生活。墓中出土的白釉螭首双联瓶和白釉螭把鸡首壶（图4-2），现在都作为隋代的精美工艺品，收藏于国家博物馆中。

  图4-1白釉螭龙双联壶又称双联瓶，其腹部由两只瓶子相连，肩部拥出瓶颈，肩部上支一对螭龙首把柄，龙口衔着壶的口沿，这种双联壶和鸡首壶都是隋代的典型器物。白釉螭龙把鸡首壶的胎子比较洁白，是隋代白瓷精品。和双联壶一样，它口部也呈浅盘状，腹部伸出鸡首，鸡的眼睛突兀，嘴微微张开，引颈作啼鸣状，颈部的羽毛，历历在目，十分神气。瓶子肩部的耳系作搭袢式，二条带子弯过来，再由铆钉铆住，这是在瓷器上模仿皮制品的工艺效果。抚养李静训长大的周皇后是北朝时期突厥木捍可汗的公主，李静训的墓中有这样精美的鸡首壶陪葬是顺理成章的事情。

  《中庸》云："事死如事生，事亡如事存。"在中国古代，事死如事生是上至皇宫贵族、下至平民百姓的丧葬习俗，在人们的观念中，这不仅是对死者，也是对人生的尊重，是对活着的

图 4-2　隋代白釉螭把瓷鸡首壶。高 18.6 厘米，口径 4.5 厘米，足径 4.5 厘米。1957 年西安市李静训墓出土，国家博物馆收藏。采自《中国陶瓷全集 5·隋唐》7 号。

恰如灯下故人

亲朋好友的安慰。

南怀瑾先生曾经讲过这样的生死现象：婴儿从母胎中到世间来的时候，都是手握拳头，攥得紧紧的——人到世间，就是要来抓东西的；人去的时候，却手一松，离开了人世，所以有"撒手人寰"一说。

长寿是人们的美好愿望。

南京博物院收藏有一件青花万寿纹尊（图4-3），是清康熙朝官窑大器，据香港中文大学文物馆林业强先生考证，此尊于康熙二十二年（1681）为庆贺康熙帝30岁生日而制。它的胎体厚重，全器以青花书写寿字，上口沿两周，共154字，侧口沿和圈足外沿，两周共96字，器身横排130轮，纵列75行，一共整整一万个寿字，有鸟虫篆、大篆、小篆、奇字、铁线、殳书（秦代的一种书体，多刻在兵器上）、九叠篆等字体，有的甚至以螺旋线条表示团"寿"。它们的排列横平竖直，依据造型的曲线放大缩小，字字清晰，令人叹为观止。清康熙官窑虽然大器多，但是如此惊世之作亦不可多得。从这件万寿尊中可以读出华夏三千年的烧瓷历史，管窥到督窑官的虔诚；它折射出皇帝的"天"威，更使陶人的智慧昭然。

"江畔何人初见月？江月何年初照人？"人在旅途，每个人都在做着人生旅游。我的一位朋友对我说过，心像针敞开，心就

图 4-3 清康熙青花万寿纹尊。高 77 厘米,口径 37.5 厘米,足径 28 厘米,南京博物院收藏。采自徐湖平主编:《中国清代官窑瓷器》第 103 页。

像针鼻大；心像天敞开，心就像天大。我接着他的话往下想，心向烦恼敞开，就满心烦恼；心向快乐敞开，就满怀愉快。人生命运虽然无常，在旅途中会有意想不到的遭遇，但是我们能凭着智慧寻找到自己人生的平衡点，她是远离风暴的平静港湾，我们在这里作短暂的休息，当人生的航船驶离的时候，搏击风浪的激情又荡漾在心中。

休息是快乐，而品尝这种搏击风浪的激情何尝不是一种快乐呢？

快乐和享乐不同。"享"是"口"字下加"一"个"了"，你享受了，也就了了，没有了。而且还要注意，不能过头，所以，"口"上还要加一点一横，这个盖子是宝贝，吃过头了，享乐过头了，什么病都会有，会使人痛苦得生不如死。而快乐不同，"快"字是"心"加一个"夬"字。夬是拉弓时带在大拇指上的护套，清代称之为扳指，"夬"字有决断和离开的意思，快、决、缺、诀、抉、炔、玦这些含有"夬"的字，都有离开的意思；"夬"是64卦中的一卦——夬卦（图4-4），它的形象是上兑下乾，五阳在下，一阴在上，在时间上表示阴历三月，它下面的四月，是上乾下乾的全阳卦象（图4-5）。"夬者决也"，"夬"就是要离开阴，走向朝气勃勃的阳刚，去寻求"快乐"；通俗地说，夬卦的原则是远离邪恶，这样才能快乐。

图 4-4 夬卦

图 4-5 乾卦

享乐是要别人给你的,快乐是发自内心的,是可以自己去追求的。诗人顾城有一首一句诗:"黑夜给了我黑色的眼睛,我却用它来寻找光明。"用黑夜给的眼睛去寻找光明,也一定会快快乐乐。

顾城还有一首诗,大意是:天上的星星离你很远,你却觉得它很近;对面的人离你很近,你却觉得它很远。

近也好,远也罢,都是心远心近(静)。

小公主李静训即使有一千件随葬品,她也不会有所感觉,但是,想必她一定是带着长辈们的爱走的。

五

唐宋民窑留佳句

中国古代民间，有不少兼装饰与功用于一器的日用品，在浩如烟海的古代文献中却少有记载，唐代长沙窑瓷壶和宋金元磁州窑瓷枕就是这样的美器。"桃李不言，下自成蹊。"我常常面对着这些先人的遗物读无字书，从器物的口沿读到器底，再从器物的外壁看到器内，又从它本身的元素联想到它所处的时代，体验到古人们的生活多么富有情趣，时时在感动之中。每天如果能有几十分钟，或者每周有半天一天，忘却身边的琐事，徜徉在这毫无各种利益冲突和占有欲的美好世界中，只是欣赏它，揣摩它背后的那些故事，真是幸福。

在古陶瓷世界中，曾经有两个被遗忘的角落，一个是唐代长沙窑的青釉褐绿彩瓷，另一个是宋金元时期磁州窑的白地黑花彩瓷。在历史的岁月里，它们曾经一阵风似地吹过湘、晋、冀、豫的山川大地，虽然未在文人笔下留下任何记载，但是并没有像风一样飘走，而是沉淀下来，当它们在20世纪重见天日的时候，引起世人的惊叹。

长沙窑瓷器中，有不少执壶上用褐彩诗词书写着五言诗句，其中有一首为我们揭开了长沙窑的时代之谜（图5-1）。诗这样写道："后岁迎新岁，新天接旧天。元和十六载，长庆一千年。"这首诗平仄押韵，每每相对，"后岁"对"新天"，"迎新岁"对"接旧天"，"元和"对"长庆"，"十六载"对"一千年"。元和（805—820）是唐宪宗李纯的年号，这把壶做于唐代元和16年（820），也就是元和年号结束的当年，不见于《全唐诗》的记载，但是一千余年后，这首诗又重现人间，难道真的应了"长庆一千年"的偈语？

另一件执壶上的五言绝句则可以在《全唐诗》中查到，这首诗也是用褐彩写的："君生我未生，我生君与（已）老。君恨我生迟，我恨君生早。"（图5-2）这是一首千百年来流传广泛的情诗，在《全唐诗补编》和《全唐诗续拾》中，还有其他的版本，并且比壶上的文字多了几句："我生君未生，君生我已老。

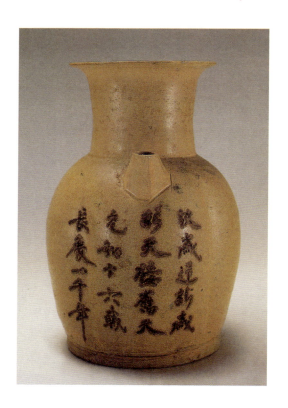

图 5-1 唐长沙窑青釉褐彩"长庆一千年"执壶。高 22.3 厘米，口径 11 厘米，底径 12 厘米，湖南省长沙市私人收藏。采自《长沙窑——大唐文化辉煌之焦点》图 180，湖南美术出版社，2003年。

恨不生同时，日日与君好。我生君未生，君生我已老。我离君天涯，君隔我海角。我生君未生，君生我已老。化蝶去寻花，夜夜栖芳草。"诗中四次重复"我生君未生，君生我已老"一句，以渲染难以言状的惆怅之情。在《全唐诗补编》中，这首诗的署名是"无名氏"，现在于长沙窑瓷壶上看到这首诗，真是有幸。也许这首诗就是唐诗编者采自瓷壶之上而无法知道作者。窑工难

图 5-2　唐长沙窑青釉褐彩「君生我未生」执壶。高 23 厘米，口径 10.3 厘米，底径 12 厘米，湖南省长沙市私

道就是作者？不得而知。东晋时期梁祝化蝶的故事，美丽得不似人间，这首书写于瓷壶上的诗告诉我们，在唐代民间，这个故事就广为流传。

有趣的是，有报道称，2005 年 5 月间，河南汝南县马乡镇梁祝故里的梁祝墓前，蝴蝶多得触手可及。是农民们近年来体恤自然环境，少用农药，使它们恢复了生气？还是梁祝有感于盛世而重回人间？小精灵们顺着风势，成双成对地围着梁祝墓翩翩起舞，相互追旋，抚花弄蕊，美妙至极。

更妙的是，收藏于英国伦敦大英博物馆的敦煌话本《庐山远公话》中，也有一首恨相逢早迟的诗，不过讲述的是佛教因果报应的话题。诗是这样写的："身生智未生，智生身已老，身恨智生迟，智恨身生早。"

远公即晋代高僧慧远。《庐山远公话》讲的是慧远在庐山的一段故事。慧远当年在江州庐山化城寺中，被劫持为贼首白庄的奴隶，后来无量圣贤在梦中告诉他，当朝宰相崔相公与贼首白庄前世都是商人。在前世的时候，由慧远作保，崔相公曾在贼首白庄那里借了五百贯文钱，后来相公未及偿还就去世了，慧远作为保人，还来不及替崔相公偿还，也去世了。轮回至今，白庄仍来找他，须当偿还。第二天，慧远便要求贼首白庄将自己卖给当今宰相崔相公为奴。成交后，白庄得了卖慧远的五百贯文钱，便回家乡去了。后来崔相公得知慧远为他卖身偿还宿债的事情，泪如雨下，自责不已。慧远此时对崔相公讲了所谓"身智二足"的道理，用的就是这首偈语诗。这个故事宣传的是佛教轮回思想，前世欠的债，今世也得还，以教导人们向善。后来有人在以上四句的后面，又补充了四句"身智不相逢，曾经几度老。身智若相逢，即得成佛道"。偈诗一般只能意会不能言传，如果硬要解释的话，可以这样解释：偈诗用了拟人的手法，身与智分别代表不可能相逢的今世和前世，要表达的意思是，如果人们接受了前世、今世和来世的佛教思想，"身"与"智"就相逢了，就成就了佛道，这样的人一定向善，从某种意义上说，他也永远不会老去，将在轮回中得到永生。由此，以劝导人们脱离生生死死的烦恼，消除对死亡的恐惧感。

慧远是以普度众生为本分的大乘佛教净土宗祖师。净土宗以"愿求往生极乐净土为宗旨"，这里称去世为往生。

《书·洪范》中有"五福之说"，在瓷器纹样中，以蝙蝠为谐音，有许多绘着五只蝙蝠的纹样（图5-3），表达人们对五福的向往。五福即一寿，二富，三康宁，四攸好德（向善），五考终命（善终）。这是说，人的福气一是长寿，二是到老年不必再为钱财奔波，三是平安健康，四是要有好的德行，厚德载物是也，五是离开人世的时候，安详而不痛苦。中国古人早就将生前向善、摆脱生死的烦恼、在临终平静地离开人世作为人生的福气。

长沙窑瓷壶上的那首"我生君未生"情诗和《庐山远公话》中"身生智未生"偈诗，只有我、君和身、智两组字不同，但是却具有完全不同的意象。爱情和生死不仅仅是古今中外文学作品中永恒的两大主题，说不尽亦道不明，也是人们实际生活中的咏叹调，需要用一生的智慧去体察。

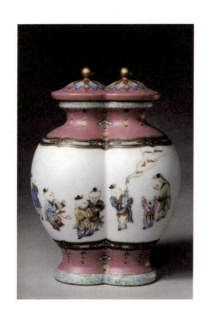

图5-3 清乾隆珐琅彩五福纹双联瓶。通高21.4厘米,口径9/5.2厘米,足径10/6厘米,故宫博物院收藏。采自叶佩兰主编：《故宫博物院藏文物珍品全集·珐琅彩粉彩》26号。

　　我们暂且不去追究这两首诗哪首书于前，哪首写于后，再来看看宋金元时期磁州窑瓷枕上留下的"宋词"和"元曲"。

　　北宋大观二年（1108），位于现河北省石家庄地区的巨鹿古城因黄河泛滥被淹埋。沧海桑田，多少年后，此地又成为农田。古城被埋没的八百多年后，1918年，农民们在耕地时挖出了成批的宋代瓷器和铁器，一座埋入地下八百余年的宋代古城被发现了。那时，中国还没有专业科学考古，古董商们纷至沓来。巨鹿古城中出土了一些房舍和商铺。在房舍中的土炕上，还有瓷

枕，它们有的平放，有的竖置，一如当年。那时北方的民居中，炕往往占据卧室的一半地方。炕是用泥土盘做的，最外缘用一根约十余厘米宽的厚木板挡边，厚木板高出炕面，睡觉时，人们头在炕沿一方而卧。巨鹿古城出土的瓷枕大致有如意形和长方形二种。如意形瓷枕的上部是一个桃形的凹面，下部是一个略呈长方形的柱体，"形状如同图5-4中的瓷枕。炕外缘的"。厚木板中挖着相应的洞，柱体插在洞中。长方形枕平放在炕沿内侧，它的后面挡在木板的里侧，瓷枕可移动，不用时，瓷枕则被竖置

图5-4 磁州窑白地黑花熊纹如意形瓷枕。宽33.5厘米，大英博物馆收藏。采自《世界博物馆全集6·大英博物馆》第116页图265。

在墙边。在巨鹿出土的民居里，瓷枕依然这样放着，人们由此而明了北宋瓷枕的用法；在瓷器店中，"货架"上也有许多瓷枕，它们还没有来得及卖出，就被洪水和泥沙湮埋了。

以往人们认为瓷枕很硬，都把它们归为明器，巨鹿古城遗址被发现后，人们改变了这种看法，转而认为它们也是生活日用品。一件瓷枕上的五言诗也说明了夏日瓷枕的好处："久夏天难暮，纱橱正午时。忘忧堪昼寝，一枕最幽宜。"这首词，使我们想到了宋代词人李清照那首著名的《醉花荫》："薄雾浓云愁永昼，瑞脑消金兽。佳节又重阳，玉枕纱厨，半夜凉初透。东篱把酒黄昏后，有暗香盈袖。莫道不消魂，帘卷西风，人比黄花瘦。"宋代上等瓷器的釉质如玉，有假玉器之称，诗中玉枕即指景德镇窑釉质如玉的青白釉瓷枕，瓷枕上所书的"一枕最幽宜"是《醉花荫》的最好注解。现代许多人喜欢软枕头，不能想象瓷枕这样硬，古人是怎样享用的，但是，瓷枕确是我国古代民间度夏的实用寝具。

我们且不去考证瓷枕的功用，还是来看看磁州窑瓷枕上的另外几首词曲。

《如梦令》："为向东坡传语，人在玉堂深处。别后（有）谁来，雪压小桥无路。归去，归去，江（上）一犁春雨。"这首词写在一面金代的八角形瓷枕上，底部印有"张家造"戳记（图 5-5）。

图5-5 磁州窑白地黑花「为向东坡传语」诗文枕。高13厘米，长34厘米，宽21厘米，河北省磁县博物馆收藏。采自张子英：《磁州窑枕》12号，人民美术出版社，2000年。

北宋元丰三年（1080）至元丰七年，苏轼因"乌台诗案"被贬到黄州（现湖北省黄州），在黄州城东门外开垦了数十亩田地，取名为东坡。他日耕东坡田，夜游赤壁，写下了"大江东去，浪淘尽，千古风流人物"的豪迈诗篇（作于到黄州后的第三年，元丰五年）。回京城后，他官至翰林学士、知制诰、礼部尚书。他在这生命中最为飞黄腾达的日子里，却留下了这首淡雅自然的小调《如梦令》。

恰如灯下故人

我在翰林院深处，向我的老朋友——东坡述说别情：我走后没有人来过吧，大雪覆盖的小桥了无人迹。春天来了，让我归去，耕犁一江的春雨。

　　多么富有诗意。这阕词，似山涧溪流，像春天四月的白梨花，淡雅清新，阅后使人产生的难以释怀之情，不让千古绝唱的《念奴娇·赤壁怀古》。

　　苏轼落寂时长啸怀古，得意时浅吟低唱，这洒脱，这智慧，真让人敬佩不已。

　　瓷枕上有名人佳句，也有百姓父母的叮咛："常忆离家日，双亲拂背言。遇桥须下马，有路莫行船。未晚先寻宿，鸡鸣再看天。古来冤枉者，尽在路途边。"（图5-6）

　　遥想当年，游子在外，晚上枕着爹娘殷殷切切的嘱咐，一定会很快进入梦乡的。

　　元代瓷枕上还有朗朗上口的元曲。元代有一位词人陈草庵，存曲26首，有《陈草庵散曲集》。也许是曾经做过朝廷派到各地访民情查官吏的朝官——宣抚，看到很多官场的黑暗面，所以他的曲子，多为愤世嫉俗之作，但是也表露出许多的无奈，这些在瓷枕上有流传：

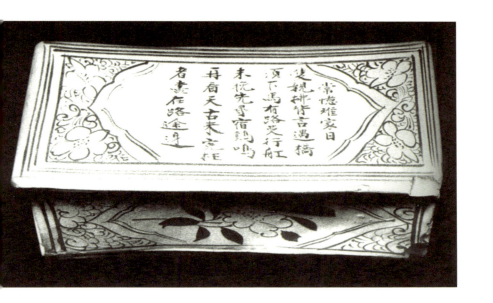

图 5-6 磁州窑白地黑花「常忆离家日」诗文枕。河北省峰峰矿区文管所藏。采自张子英主编：《磁州窑瓷枕》。

晨鸡初叫，昏鸦争噪，哪个不去红尘闹。路遥遥，水迢迢。功名尽在长安道。今日少年明日老。山，依旧好；人，憔悴了。

鉴于元朝官府的腐败现象，元代帝王曾经多次下诏责成各路宣抚，监察各地官吏的腐败现象，但是，一些宣抚使与地方官吏合伙贪赃，更使百姓遭殃。当时在福建、江西曾经流传着这样的歌谣："奉使来时惊天动地，奉使去时乌天黑地，官吏都欢天喜地，百姓却啼天哭地。"陈草庵的生卒年月不详，无从知道他在何时到何地巡视，当然也无从知道他在巡视期间是和贪官合污还是仗义执言，而他的《山坡羊》写出了他的愤懑——装聋卖傻也难挡责备。

《中吕·山坡羊》："伏低伏弱，装呆装落，是非犹自来着莫。任从他，待如何？天公尚有妨农过。蚕怕雨寒苗怕火。阴，也是错；晴，也是错。"

这支曲子记录在元曲集子中，目前在瓷枕上还没有看到，可是下一首《山坡羊》流传广泛，不仅记录在《陈草庵散曲集》中，也被人们写到了瓷枕上（图5-7）：

  风波实怕，唇舌休挂，鹤长鹌（鹑）短天生下。劝鱼（渔）家，共樵家，从今莫说（讲）贤愚话。得道助多失道寡，鱼（愚），也在他，贤，也在他。

虽然"阴，也是错；晴，也是错"，但是必定"得道助多失道寡"，世事任它吧。

孔子的格言，不仅出现在陈草庵的元曲中，也被书写于金代的瓷枕上，不需考证原因了，很简单，人们喜欢（图5-8）。

图 5-7 磁州窑白地黑花「风波实怕」诗文枕。高 14 厘米，长 28.5 厘米，宽 16 厘米，河北省磁县博物馆收藏。采自《磁州窑瓷枕》（二）。

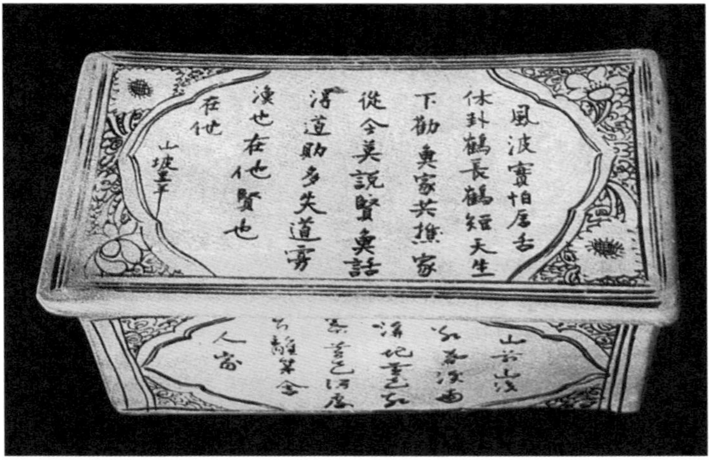

图 5-8 磁州窑白地黑花「己所不欲勿施于人」铭枕。高 12.6 厘米，长 26 厘米，宽 21.9 厘米，香港杨永德先生收藏。采自张子英：《磁州窑瓷枕》86 号。

六

青瓷如玉彩瓷娇

在中国古代，玉器不仅是高贵的礼器，而且是君子人格的物化象征。当时，上流社会的人们都流行佩玉。春秋早期政治家管仲提出玉有"九德"，春秋晚期，孔子提出玉有十一德。有一次，孔子的学生子贡向孔子请教说，是因为珉（美石）常见而玉少，显得珍贵，所以人们喜欢玉而不看重珉吗？孔子回答说，不是的，人们之所以喜欢玉，是因为仰慕玉所具有的十一种品质——"温润而泽，仁也；缜密以栗，知也；廉而不刿，义也；垂之如队，礼也；叩之，其声清越以长，其终诎然，乐也；瑕不掩瑜，瑜不掩瑕，忠也；孚尹旁达，信也；气如白虹，天也；

精神见于山川，地也；圭璋特达，德也；天下莫不贵者，道也。《诗》云：'言念君子，温其如玉'，故君子贵之也。"这仁、知、义、礼、乐、忠、信、天、地、德、道的十一德，将"君子比德于玉"的玉德观推向高潮。

玉给人的感觉，刚拿上手时冰凉，一种很纯粹的冰凉的感觉，而在手中摩挲了一会儿以后，就温温的，润润的，感觉非常舒服。孔子的玉德是利用玉的自然性能，形象地解释人们的品德和操行，其核心观念是君子要有温文尔雅的风度，做事要奉行中庸的原则。这种"君子比德于玉"的理念，深深地影响着中国古代文人的思想观念和行为举止。

唐代人陆羽在《茶经》中，将青瓷比作玉，白瓷比作银；青瓷比作冰，白瓷比作雪，他认为玉雅银俗，冰雅雪俗，茶是清逸的，应该用高雅的青瓷作茶具，这是他认为青瓷比白瓷宜茶的两个理由。在这里，陆羽将喝茶引入精神领域。他的比喻也代表了中国古代士大夫们的审美观，当他们将"如冰似玉"的青瓷器皿置于案几，或者在品茗用餐时频频显现的时候，实际上也是对自己君子行为操守的炫示。中国人的心中，始终解不开玉情结。直至当代，人们赞美瓷器的釉质好，最常用最美妙的词语仍然是"温润如玉"。瓷友们在交流学习心得，赞美明代成化瓷器的时候，也总喜欢加上一句，"你用手摸摸，多么润，像玉一样"。确实，抚弄明代成化白瓷，就好像在摩挲一件玉器，非常温润。当然，现在完整的成化瓷器（图6-1）很难有机会拿上手把玩，但瓷片还是有一些的。

实际上，唐代以前的青瓷，尽管在造型上，有向玉器靠拢的倾向，但是在釉质方面，由于工艺的原因，青瓷还没有达到具有玉质感的效果，而在晚唐、五代和宋代，青瓷的釉质放射出其最可人之处——温润的玉质感。

晚唐五代最著名的瓷器品种是越窑秘色瓷。唐代诗人陆龟蒙《秘色越器》中有"九秋风露越窑开，夺得千峰翠色来"一句，说的是秋天越窑开窑了，那釉色如同融入"千峰翠色"，十分美妙。五代诗人徐夤在《贡余秘色茶盏》中赞美秘色瓷道："捩翠融青瑞色新，陶成先得供吾君。巧剜明月染春水，轻旋薄冰盛绿云。古镜破苔当席上，嫩荷涵露别江濆。中山竹叶醅初发，多病哪堪中十分。"诗人将秘色瓷的釉色比作"明月""薄冰""嫩荷"，足以见秘色瓷的精美，而这精美的秘色瓷烧好以后，首先得进贡给皇宫。

1987年，陕西省扶风县法门寺佛塔地宫中出土了14件瓷器，1件八角瓶，13只碗。八角瓶（图6-2）胎质细腻致密，造型端庄而不失变化，腹部出八条瓜棱，线条优美，通体施青绿色釉，晶莹润泽。它和鎏金铜香炉，一左一右，供奉在汉白玉灵帐前，

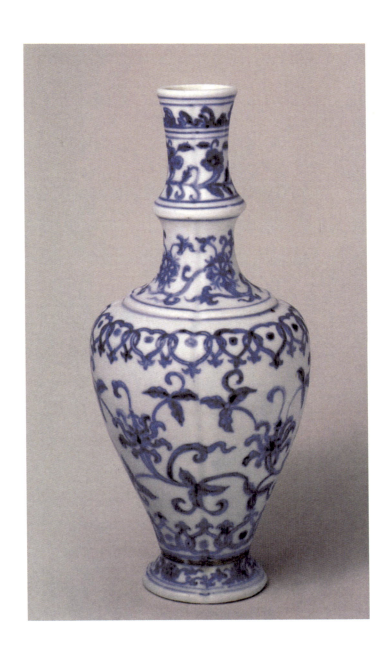

图 6-1　明成化青花花卉纹瓷瓶。高 27.8 厘米，口径 4.3 厘米，足径 6.7 厘米，故宫博物院收藏。采自耿宝昌主编：《故宫博物院藏文物珍品大系·青花釉里红（中）》，商务印书馆、上海科学技术出版社，2000 年。

恰如灯下故人

图 6-2 青釉八棱瓷净瓶。高 21 厘米，口径 2.2 厘米，陕西省法门寺博物馆收藏。采自《中国考古文物之美·佛门秘宝大唐遗珍 10·陕西扶风法门寺地宫》图版 81 号，文物出版社，1994 年。

六 青瓷如玉彩瓷娇

图 6-3 唐越窑青釉花口瓷碗。高 4 厘米,口径 14.8 厘米,足径 5.5 厘米。来自李辉柄主编:《中国陶瓷全集 5·隋唐》83 号。

灵帐前正中是鎏金捧真身菩萨。据史料记载,这尊鎏金菩萨是唐代高僧澄依用自己的金银为唐懿宗专门打造的生日贺礼。唐咸通十四年(873)春,唐懿宗将法门寺的佛指舍利迎入皇宫中供奉的时候,佛指舍利就安放在这尊菩萨双手捧持的金匾上,故这尊菩萨又称为捧真身菩萨。唐懿宗未曾将佛指舍利送回法门寺就去世了。他的儿子唐僖宗于同年 12 月 19 日,将佛指舍利还归法门寺时,将鎏金捧真身菩萨与华贵绝伦的金、银、秘色瓷、琉璃器和丝织品一起裡入地宫,供奉给佛祖,千年后才重见天日。

13 只秘色瓷碗(图 6-3)放在灵帐后面的银棱檀香木箱中,是供奉给佛祖的茶具,这套茶具还包括唐僖宗供奉的鎏金银茶碾、风炉、筛罗、茶叶盒、笼子、盐台、小碟和玻璃茶盏。

秘色瓷是晚唐五代浙江越窑上林湖窑场烧制的青釉贡瓷。它的最大特点是质地滋润。但是何为秘色瓷，窑址在何处？却曾经是陶瓷史上的一个谜。法门寺佛塔中的账簿揭开了谜底，它的故乡在浙江，在山清水秀的上林湖畔。上林湖位于浙江省慈溪市，青山围着绿湖，湖水绕着郁郁葱葱的山峦。唐宋时期的窑址一座连着一座，满地堆积的瓷片从山坡的废弃窑址上一直延伸到碧绿的湖水里。站在湖边举目四望，呵，满眼的青绿。老舍在《五月的青岛》中这样描绘绿色："绿，鲜绿、浅绿、深绿、黄绿、灰绿，各种的绿色，连接着，交错着，变化着，波动着，一直绿到天边，绿到山脚，绿到渔帆外边去。"而上林湖的绿色，确是绿到了窑工的心中，绿到了越窑秘色瓷上。

晚唐、五代越窑青瓷的代表——秘色瓷，如同碧玉般的绿着，绿到了宋代。

宋代的青釉，依然追求表现瓷器如玉般的质感。1987年于河南省宝丰县清凉寺遗址出土了一件北宋汝窑天蓝釉暗花莲纹瓶（图6-4）。瓶的壁薄且坚致，天蓝色釉，釉质匀净，滋润如玉。一般的汝窑器物都仅仅以釉色取胜，但是这件瓶子的颈、腹部有暗花缠枝莲纹，线条潇洒、构图大方，在目前的汝窑器中绝无仅有。南宋人周辉在《清波杂志》中有汝窑器的釉内有玛瑙的记载，这项记载为汝窑如玉般的质感增添了神秘色彩。然

图 6-4　北宋汝窑天蓝釉暗花莲纹瓷瓶。高 19.6 厘米，1 级。重火。可再令今工听完听又咸。

恰如灯下故人

而,从现代化学和陶瓷工艺的角度分析,玛瑙的化学成分是氧化硅,它在釉中的作用如同石英,青釉瓷的玉质感与是否在釉中加入了玛瑙无关,而是由釉的化学成分、烧制工艺和烧制温度决定的。

两宋时期,不仅北宋汝窑、南宋官窑等有官窑烧造背景的窑场,即使是耀州窑和龙泉窑,这两个民间窑场,也以烧制如玉般的青釉为追求目标。特别是龙泉窑的梅子青釉和粉青釉,釉色古朴雅致,釉质极其温润,摩挲它们,真好似在抚弄一块碧玉。日本阳明文库收藏着一件南宋龙泉窑粉青釉凤耳瓶(图6-5),是日本的国宝级文物。瓶子的颈部两侧贴塑抽象造型的凤耳,外壁施粉青釉,釉质极其温润可人。这样极具玉质感的南宋龙泉窑粉青釉,采用的是高温黏度大(高温下不易流淌)的石灰碱釉。它的烧成温度相对偏低,釉层中的气泡多,析晶多,残留的石英多,使入射到釉中的光线产生散射,由此产生了美妙的玉质感。这样的工艺原理,宋人虽然不能在理论上做出解释,但是他们已经在瓷器的世界里实践了对"比德于玉"的追求。

孔子生活在春秋战国之交,这是一个"自由的时代"。孔子本人是一个既有理想,也十分懂得生活的人,他听韶乐,三个月尝不出肉味,但是他又"食不厌精,脍不厌细";他周游列国,宣传仁政、德政的主张,但是他又说"道不行,乘桴浮于

图 6-5 南宋龙泉窑粉青釉瓷凤耳瓶。高 30.7 厘米，口径 11 厘米，底径 11.4 厘米，日本和泉市久保惣纪念美术馆藏。图片《天下龙泉》，明日新闻社，2020 年。

海",他奉行的是"志于道,据于德,依于仁,游于艺"的人生哲学。

汉代,"罢黜百家,独尊儒术",魏晋时期儒学玄学化,南北朝开始儒释道三教合一,宋代、明代……历代统治者将孔子开创的儒学修正,修正,再修正。这种被一再修正的儒学,束缚着人们的头脑。明代中叶,商品经济迅速发展,一种强烈要求摆脱旧思想旧道德的束缚,公开谈论物质享受的思潮不可遏制。晚明清初,实学思潮勃兴,就连当时的一些儒学家也认为,人的需要应该是全面的,既要有精神生活,也要有物质生活。在这种情况下,人们不再拘泥于虚幻的自我表现形式,瓷业生产也终于张开双臂,迎接五彩缤纷、精细艳俗的彩瓷时代的到来。据不完全统计,明清两代新出现的彩瓷、低温单色釉和特种工艺瓷品种达百余种,尤其是清代,由于康熙皇帝的直接关注,将中国的传统制瓷工艺与由法国传入的珐琅画技巧相结合,创造出了高贵的珐琅彩,在此基础上又繁衍出娇艳的粉彩(图6-6)。清代的瓷苑,真是万紫千红,琳琅满目。

南京博物院收藏了一件粉彩玉堂富贵纹长方形花盆(图6-7)。花盆的纹样为通景式,四面纹饰构成二幅牡丹、玉兰和白头翁花鸟图。玉兰谐音玉堂,牡丹寓意富贵,牡丹、玉兰的纹样称玉堂富贵纹。玉堂在宋代以后为翰林院的别称,亦指豪贵

图 6-6：清乾隆官窑粉红地粉彩拐子龙纹瓷盖碗。通高 8.7 厘米，口径 11.1 厘米，足径 3.6 厘米。南京博物院收藏。录自《中国清代官窑瓷器》第 281 页。

图6-7 粉彩玉堂富贵纹长方形瓷花盆。高26.7厘米,口面积31.8×25厘米,底面积23.6×19.6厘米。南京博物院收藏。采自《中国清代官窑瓷器》第424页。

之宅。牡丹和白头翁,由寓意可名白头富贵纹。细细观看玉兰花纹,竟然"开着"红、黄、蓝三色花朵。这样的处理手法,是要迎合"锦堂富贵"的口彩,但是,在艺术品上这样处理,并没有让人感到不合时宜,反而具有美感的视觉效果。这件花盆的纹样,以大朵艳丽的牡丹配着缤纷的玉兰,呼应着翻飞的白头翁,冲击着"比德于玉"的传统审美观,使人眼前一亮。

六 青瓷如玉彩瓷娇

大雅斋瓷是慈禧太后的专用瓷。在粉彩玉堂富贵纹长方形花盆上有"大雅斋"楷书款和"天地一家春"龙纹边框篆书款。在南京博物院展厅中，有五彩缤纷的大雅斋瓷器，许多观众看到这里，都对它们艳丽的色彩感到惊奇，其实，在观看乾隆朝瓷器的时候，就有了这种诧异的感觉，而看到晚清部分时，这种感觉更加强烈。因为，不仅在古代文人的意识里，而且在现代一般民众的印象中，中国古代工艺品的釉色都应该是所谓典雅的，传达着一种温和的感觉。

早在公元 1000 年前后，辽代的契丹人就十分喜欢牡丹花大红大绿的夸张色彩，在辽三彩上有很多色彩艳丽的牡丹纹，这个传统一直延续下来，与在晚明清初开始的古陶瓷上的"色彩革命"潮流相汇合，流向晚清，流向现代。

中国瓷器的装饰色彩从以青瓷为主，到青花盛行，再到粉彩占据主流，是欣赏习俗的变化，它反映出人们思想观念的变化，也是瓷器工艺愈来愈得心应手的表现。

七 金刚宝塔传佳话

图 7-1 袖珍金刚宝座四塔。通高 32.7 厘米，宽 19.3 厘米。1956 年南京市南郊牛首山弘觉寺地宫出土，南京博物院收藏。采自《华夏瑰宝》第 228 页，1993 年。

在林林总总的佛塔中，金刚宝座塔独树一帜。根据罗哲文等先生编著的《中国名塔》介绍：金刚宝座塔的建筑形式是下面为正方形或长方形的基座，基台的四角有四个塔亭，中间有一个大塔的五塔形式。金刚宝座塔属于佛教密宗的塔式，主要供五方佛或者埋葬佛舍利。

南京博物院收藏着一件明代正统（15 世纪三四十年代）时期"袖珍"金刚宝座。一般的古塔，都是露天建筑，而这座金刚宝塔 1957 年却出土于南京市中华门外牛首山西峰的弘觉寺地宫内，它的奇妙之处还在于由三个部分——砂岩基座、青花瓷罐和铜

鎏金塔——组成（图7-1），每个部分的材质都不同。这座金刚宝座塔既可以放在供台上，供人膜拜；在博物馆里，也可以将各个部位取下来，作为单独的部分观看欣赏。

下面让我们一起来了解这座袖珍金刚宝座塔。

金刚宝座塔砂岩基座的平面呈正方形，四壁侧面装饰着浮雕。正面浮雕的画面是对称的二力士托果盘。力士的前腿屈膝，后腿膝盖着地，足部向后抬起，16世纪藏传佛教的青铜白不动金刚造像中有这种姿态，北京故宫博物院收藏有这样的青铜造像。两侧的浮雕内容是鹿衔灵芝、双狮拱球和游龙戏珠，这些动物在佛教中都具有特定的象征意义。先来说鹿——传说佛陀在古印度的鹿野苑（Deer Park）开始说法，佛教称之为初转法轮。鹿野苑位于印度教（兴都教）圣地瓦伦纳西以北10公里处，当地的地名叫萨尔纳特（Sarnath）；佛教故事中还说佛陀前世为鹿王，不知是否因为这两个原因，鹿是佛陀初转法轮的三昧耶形。三昧耶是密教里代表入定的一个形象，也就是说可以从佛像手持三昧耶形的物状来判断是哪位佛、菩萨或者天神。再说狮子和龙，狮子在佛经中常常被用来比喻佛的无比神力，龙在佛经中是守护佛法的八部众之一。基座四面侧壁的两端分别凸起，形成四角四个矮矮的凹槽，四只青花盖罐就放在凹槽之上；四侧壁的中间部分下凹，托起中部的台座，台座上放置着铜鎏金塔。基座的前部，两只青花罐之间的平台上安放着铜鎏金释迦牟尼涅槃像，佛祖右手托头，面露微笑，神态坦然，凝神静思。

佛陀于公元前543年在古印度的居师那迦（Kushinagara）涅槃。居师那迦现在是一个很小的村镇，当地居民不过千人，它离戈拉浦尔（Gorakpur）市有一个多小时的车程，在印度目前出版的交通图和旅游图上都没有标明。赵朴初先生在《佛教常识问答》一书中这样描述佛祖涅槃时的情景：佛"最后走到居师那伽一条河边，洗了澡，在一处四方各有两棵娑罗树的中间安置了绳床，枕着右手侧身卧着。后来所有卧佛像即佛涅槃像都是这样的姿势"。居师那迦的卧佛殿内（图7-2），有一尊巨大的镀金卧佛像，用黄绸袈裟覆盖，就是这种最标准的涅槃卧佛像。金刚宝座塔平台上安放着的铜鎏金释迦牟尼涅槃像也是这种姿势。

出土这座金刚宝座塔的弘觉寺初建于南朝梁武帝天监年间（502—519），唐代易名长乐寺，禅宗法融于此开教。他以道家的老庄学说阐释佛教哲理，创立了佛教禅宗的"牛头宗"。唐、五代时期，牛头宗曾经是中国的另一个禅学中心，由于它位于长江下游南岸的金陵，故又称"江东禅"的牛头禅。唐大历九年（774），弘觉寺曾建七层宝塔，后倒塌，于明代重建。塔内有许多题记，时代在明正统五年至清乾隆三十二年（1440—1767）之间。最早的题记由一位名为赵妙玉的女子所题，题记位于塔的第

图 7-2 居师那迦的卧佛殿

四层东北门上——"正统五年三月初四赵氏妙玉"。根据这个题记,将这座金刚宝塔的时代定在明代正统早年(1435—1440)。弘觉寺在清乾隆朝曾经因避乾隆皇帝弘历之讳,改名为宏觉寺。

  金刚宝座塔的须弥山基座选用砂岩的材质,有着特定的意义。佛教诞生地印度有得天独厚的优质砂岩资源,印度砂岩由砾石和沙土自然胶结而成,主要化学成分是石英,有红、紫红、米黄等不同的色泽，具有防水防火、耐酸碱和抗风化的特性，古印度佛窟和佛像大都是砂岩质地的杰作，直到现代，印度砂岩仍然是世界上著名的优良建筑材料。不仅在印度，被列为世界奇迹之一的柬埔寨吴哥窟，以及印度与中国的中亚丝路上的诸多佛窟，也都是砂岩质地。出于如此的自然和历史缘由，砂岩雕塑的佛教美学特质成为佛教艺术的象征之一。虽然弘觉寺塔地宫中出土的金刚宝座塔基座的砂岩不及印度和柬埔寨吴哥窟等地的坚致，质感也不似那样润滑，但是同样具有佛教艺术的象征意义。

红砂岩须弥山基座的四角放置着四只青花瓷盖罐，后面的两只通高 13.9 厘米，前面的两只稍微矮 1 厘米，这表明设计者考虑到了透视原理。四只青花罐都是瓜棱式造型，盖面和肩部都绘着莲瓣纹，但是腹部的主题纹样不一致，三只装饰开光杂宝纹，开光内分别绘方胜、铜钱、珊瑚、海螺等杂宝；后面的一只绘缠枝莲花纹。明代皇室和亲王的陪葬品之一是瓷梅瓶，梅瓶上的纹样和陪葬数量的多寡标志着墓主的身份，北京万历皇帝的定陵出土了四件梅瓶，图 7-3 是其中的一件。明代在功臣后裔和具有一定身份的人的墓葬中，往往以盖罐陪葬，平民的陪葬品则是一对碗或者盘子。明代正统初年，这种莲花纹盖罐在江西民间墓葬中常常伴有墓志出土，但是，绘杂宝纹的仅仅

图 7-3 明万历青花龙纹瓷梅瓶。高 72 厘米,口径 10.4 厘米,足径 19.3 厘米,故宫博物院收藏。采自耿宝昌主编:《故宫博物院藏文物珍品大系·青花釉里红(中)》160 号。

图7-1 弘觉寺塔基出土铜鎏金塔的平面示意图

只有这三件,而且,这几件盖罐的釉色白净且微微泛青,釉质滋润肥腴,工艺比其他墓葬中出土的莲花罐精湛,它们恰到好处地放置在须弥座的四角,应该是特地为金刚宝塔而制作的。方胜、铜钱、珊瑚等杂宝是道庄学说的图像符号,将它们绘在佛教金刚宝塔四角的青花盖罐上,奉施者的意图之一应该是以此呼应禅宗的牛头宗创始人法融,以道庄释佛法的历史渊源。

说完了须弥座和作为四角塔亭的青花罐,再来介绍金刚塔的主体铜鎏金塔。

铜鎏金塔通高32.7厘米,宽19.3厘米,由塔基、塔身和塔刹组成。塔基很高,其高度几乎与塔身和塔刹的合高相等。塔基平面呈十字折角形(图7-4),一共五层,由两层基台和三层基座组成。最下一层基台的前面刻有铭文"金陵牛首山弘觉禅寺永充供养",后面的平台上刻着"佛弟子御用监太监李福善奉施"

的铭文。据南京博物院李文彬先生考证李福善是御用监太监李童。基座为二重亚字形的须弥座，侧面和台面上有浮雕的三钴金刚杵、莲瓣、圆珠、璎珞等纹样。

基台前面铭文中的"禅寺"二字说明奉施者熟知牛首山是唐代禅宗牛头宗发源地的历史；"佛弟子御用监太监"表明奉施者是皇室的御用宦官，且皈依佛教；"永充供养"显露了奉施者的虔诚之心。铭文中所提到的李福善应该是弘觉寺出土金刚宝座塔的创意者，也是一位既了解牛首山禅寺历史，也懂得藏传佛教密宗，又熟悉瓷器的御用监太监和佛教徒。

有御用监太监身份的奉施者用藏传佛教密宗金刚宝座塔的形式供养舍利，和永乐、宣德时期朝廷与西藏上层的密切往来有关。据记载，明永乐四年（1406）、十二年（1414）、十三年（1415），藏传佛教的萨迦派、噶玛噶举派和格鲁派这三个教派的高僧都曾经受到明成祖的邀请前往南京，受到隆重接待，并且分别被授予尊号。

铜鎏金塔的塔身和塔刹是一个整体。塔身呈覆钵式，在塔肚的四面有对称的四个焰光门，从门洞可以看到塔肚内的佛像。塔刹由刹座、十三相轮和流苏华盖、刹顶组成。刹座的平面造型也是十字折角形，十三相轮两侧有足踏祥云的胁持菩萨，刹顶的造型是一座小型莲聚塔。莲聚塔的造型特点是塔基呈斜坡状，而

图7-5 弘觉寺塔基出土金刚宝座塔上铜鎏金曲登塔塔肚中的曼陀罗

不像其他塔式的塔基为台阶状。将塔身和塔刹从塔基上取下来以后，可以看到塔肚内是一个立体曼陀罗（坛城，图7-5）。坛场中心是一座三头八臂的女本尊，略呈愤怒状，结全跏趺坐于莲花座上，八臂各持三昧耶形和法器，前边有二菩萨立于莲花座之上，前后左右又各有四座护法神作左展立，面对中心，立于璎珞围成的台基之上。

本尊，藏文作 Yidam，梵文是 Ishtadevata，实际上汉语中很难找到与之相对应的词语，大致可以这样解释，藏传佛教徒在修行的时候，都会选择一位或者多位守护神，这就是修行人的本尊。密教修行人将本尊作为自己的观想对象，藏传佛教的诸神

祇有寂静、寂忿和忿怒三种面相（图7-6），具有这三种面相的主尊被分别称为寂静尊、寂忿尊和忿怒尊。寂忿尊有十位，（她）他们的面相略带忿意，介于寂静相与忿怒相之间。

说完了南京博物院收藏的金刚宝座塔，再看看另外五处有关的佛塔和遗迹，可以帮助我们进一步认识南京博物院收藏的这件金刚宝座塔。

首先要说的二座佛塔是五台山圆照寺金刚宝座塔和云南昆明官渡妙湛寺金刚宝座塔。金刚宝座塔在我国主要是明朝以后修建的，现存实物不多，全国大约有十多处，而塔身是覆钵式的金刚宝座塔有五台山和云南昆明官渡妙湛寺两座（图7-7、图7-8）。前者建于明代宣德九年（1435），后者建于明天顺二年（1457），而像弘觉寺塔地宫中出土的这种由三种材质组合而成的覆钵式

图7-6 藏传佛教主尊的三种面相。采自莲花生大师原著，达赫释著：《西藏生死书图解》第205页，陕西师范大学出版社，2006年。

图 7-7 云南昆明官渡妙湛寺金刚宝座塔

恰如灯下故人

七　金刚宝塔传佳话

袖珍金刚宝座塔则仅此一座。其他的金刚宝座塔都是汉式多层密檐塔或者为印度形式的螺塔。五台山圆照寺和官渡妙湛寺金刚宝座塔的建造都和藏传佛教有一定联系。官渡原是滇池岸边的一个渔村，风光如画。早在唐代，这里就是南诏王公游览滇池时的驻足之地。此后历代，达官贵人们将这里作为风景胜地，在这里修建城池楼台的同时，也带来了宗教文化。官渡是元代藏传佛教进入昆明地区的登陆地。官渡"六寺之首"的妙湛寺始建于元代至元二十七年（1290），金刚宝座塔是明天顺二年重修妙湛寺时修建的。

  金刚宝座塔的造型源于古印度的窣堵波。窣堵波是古印度埋葬、供奉舍利之处。南京弘觉寺塔地宫中出土的铜鎏金曲登塔、昆明官渡妙湛寺金刚宝座塔和五台山圆照寺金刚宝座塔的塔身都是覆钵式的藏式塔，半圆形的覆钵式塔身，保持了印度古塔坟塚的性质和原形，五台山圆照寺金刚宝座塔正是为供奉印度高僧舍利而修建的。明代永乐初年，印度一位高僧来中国弘扬佛法，皇帝封他为"圆觉妙应辅国光范大善国师"，赐以金印和旌幡，并重新翻建五台山的普宁寺。明宣德年间，皇帝诏他进京，面授弘扬佛法事宜。他圆寂后，宣德皇帝敕分舍利为二，其中一份放置于五台山普宁寺专门新建的金刚宝座塔内，并重修此寺，改名圆照寺。

图7-9 印度摩诃菩提寺的金刚宝座塔

七 金刚宝塔传佳话

古印度最早最有名的金刚宝座塔是位于今印度菩提伽耶（Bodh Gaya）摩诃菩提寺（Mahabodhi Temple）内的金刚宝座塔。菩提伽耶（Bodh Gaya）是释迦牟尼的成佛处。这里的金刚宝座塔始建于公元前3世纪，初建时为覆盆式塔身，公元7世纪时改建成现在这样的尖细金字塔形状（图7-9）。这是我们说的第三座金刚宝座塔。

第四座是西藏自治区江孜县白居寺著名的贝根曲登塔（图7-10-1）。贝根曲登佛塔始建于明永乐十二年（1414），正统四年（1439）竣工，历时25年。它高32.5米，外观为7层，内有13层，共有大门12道，小门80道，塔角146个。白居寺塔的结构既有藏族佛教（密宗）建筑的特点，又兼融汉族建筑的特色。曲登塔的基座都是折角形的，贝根曲登塔基座平面造型（图7-10-2）与本文所述铜鎏金曲登塔和五台山圆照寺金刚宝座塔一样，也是十字折角形，但是更加复杂一些，多了一个折角，故其俗称八角塔。白居寺贝根曲登塔为西藏佛塔之冠，也是我国古代建筑史上绝无仅有的稀世之作，其内供奉佛教的造像和壁画有十万之众，故又称十万佛塔。它还有个名称——菩提塔。藏传佛教有八种塔式，以纪念佛祖一生中的八项功德。它们是：莲聚塔，纪念释迦牟尼降生时行走七步，步步开一朵莲花，南京弘觉寺塔地宫中出土的金刚宝座塔中间的铜鎏金塔的刹顶造型就

图 7-10-1 西藏江孜县白居寺贝根曲登塔

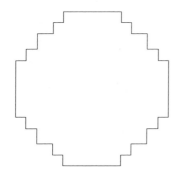

图7-10-2 贝根曲登塔基座平面示意图

是一座小莲聚塔；菩提塔，纪念释迦牟尼修行成正觉；四谛塔，纪念释迦牟尼初转四谛法轮；神变塔，纪念释迦牟尼降伏外道时的种种奇迹；降凡塔，纪念释迦牟尼从天堂返回人间；息诤塔，纪念释迦牟尼劝息诸比丘的争端；胜利塔，纪念释迦牟尼战胜一切魔鬼；涅槃塔，纪念释迦牟尼入涅槃大道，进入不生不灭的境地。菩提塔是八种塔中的第二种。

白居寺全称"吉祥轮上乐金刚鲁希巴坛城仪轨大乐香水海寺"，简称"班廓行度"，意思即"吉祥轮大乐寺"，又称"班廓曲第""吉祥轮寺"。贝根曲登塔是白居寺的主要建筑，高高的五层折角形塔基上，耸立着直径20米的圆形塔身，有四面八门，门上装饰着飞龙、跑狮、走象等浮雕。木结构的斗拱、柱枋等完全是明代官式木结构的法式。塔内有藏传佛教中的萨迦、噶玛噶举、格鲁等教派的僧院和佛殿，故又称塔中寺。其中的登觉殿内有一座直径 3 米有余的立体时轮坛城。时轮即时间的车轮之意，时轮坛城的本尊佛是时轮金刚。这样几个教派共居一寺的情况，在藏传佛教的僧院中绝无仅有。

第五处是柬埔寨吴哥城中的巴扬寺（Bayon，图 7-11-1）和吴哥寺（Angkor, wat）。它们是被考古学家称作罗洛斯遗址（poluos）的吴哥城的一部分，是 12 世纪吴哥王朝的重要遗迹，它们的建造至今还是一个谜。大吴哥的巴扬寺是佛教遗迹，置身于其中，一定会为满目的砂石岩佛头雕塑而惊叹，图 7-11-1 中的高耸处都是佛头，这就是举世闻名的砂石岩《高棉的微笑》雕塑（图 7-11-2）。小吴哥，即吴哥寺是世界著名奇迹之一，也是印度教（兴都教）的艺术宝库。一踏进吴哥寺外廊门，一条笔直宽阔的石板大道展现在眼前，它长 475 米，宽 9.5 米，两侧的围栏，仿佛透视上的两条寻找焦点的线，把视觉引领到远处内城中巍峨耸立的寺塔上（图 7-12）。内城寺塔的建筑形式实际上也是一座巨大的金刚宝座塔（图 7-13）。它的基座非常高，要上石塔，必须要爬几乎垂直的台阶，要手脚并用，全神贯注地向上。但是，从来没有虔诚的信徒从阶梯上坠落，坠落的只是玩耍嬉戏的游客。吴哥窟内的这座塔一大四小，五座塔的平面造型也是折角形的，而且折角比白居寺的贝根曲登塔更小，当然折角也更多。

吴哥窟的建筑材料也是一种优质砂岩，远较弘觉寺地宫中出

七　金刚宝塔传佳话

图 7-2-1　柬埔寨大吴哥巴扬寺

《吴哥窟的微笑》

内城的金刚宝座塔

七　金刚宝塔传佳话

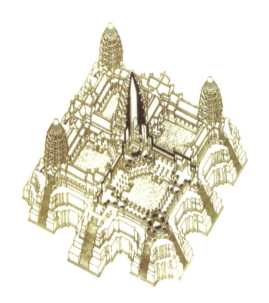

图7-13 吴哥寺鸟瞰素描图。采自蒋勋：《吴哥之美》第72页，台

土的金刚宝座塔基座的砂岩坚实。

这些精美的佛塔艺术杰作具有永恒的艺术价值。岁月流逝，大多数塔的设计者和捐资建塔人早已不得而知，更不要说工匠们的名字了。但是，佛塔艺术杰作透射出宗教文化的灵光，发散着建筑艺术诗一般的魅力，给人以精神陶冶和美的享受，同时，也使这些可敬的先人们彪炳千秋。

将普通的青花瓷罐用作金刚宝座佛塔四角的塔亭，这真是个绝妙的设计。

八

携来世界曾游

英国大英博物馆收藏着一套纹章瓷，这是一套咖啡杯，细白的瓷胎，在盘子和杯子的口沿一周绘着中国式的龟背锦地朵花纹样，盘子的中央和杯子的正面用金色、黑色和橘红色彩绘着一枚徽章，徽章上方的正中央是一头坐狮，它的前爪持举着一颗五角星，对称的丰饶角围成奖杯形状，里面绘着徽标纹样（图 8-1）。这种纹章瓷，也称作徽章瓷，是清雍正、乾隆时期中国景德镇生产的外销瓷。

西方的徽章文化由来已久。

中世纪时期，由罗马教皇为首的天主教会勾结世俗封建统

图 8-1　景德镇窑粉彩徽章纹瓷咖啡杯一套，1720—1750年。杯高9.5厘米，碟直径12厘米，大英博物馆收藏。采自台北历史博物馆：《中国古代贸易瓷·国[...]

治者组织了十字军，为了区别不同集团的骑士身份，发明了各种徽章作为各集团的标志。1096年至1291年，西欧封建主、意大利商人和罗马天主教会对中东地中海沿岸各国发动侵略性的十字军远征，口号是从异教徒穆斯林手中夺取耶路撒冷。十字军的对手是埃及的马穆鲁克（阿拉伯文mamluk的译音，意为奴隶）王朝的禁卫军。马穆鲁克王朝建立于1250年，是由来自中亚高加索等地的非洲黑人奴隶建立的政权。马穆鲁克禁卫军和西方十字军之间的频繁斗争，客观上促进了双方的贸易和文化交流，徽章的流行则是这一冲撞的产物之一。徽章常常被用于盾牌、战袍和战旗之上,也被用于家族的标志,比如,盾形徽章象征法国皇室和圣母玛利亚,狮子和鹰的徽章代表权利和领地(图8-2),它还被刻在墓碑上,表示墓主人生前的社会地位。徽章有如此多的象征意义,以至于此后在欧洲形成了徽章学。

在英文中,一般来说,西方人习惯用china指元代以前的瓷器,而用porcelain表示元明清时期的硬质瓷。17、18世纪,法国曾经掀起"中国热"。欧洲的上流社会和富商们都将拥有中国的porcelain——硬质瓷作为地位和财富的象征。他们或者将中国的硬质瓷镶上宝石(图8-3),或者配以黄金的壶嘴、盖等附件和底座,放在豪宅中作为陈设。一件原本普通的明嘉靖民窑碗,经过宝石的打理之后,成为欧洲贵族身份的象征。18世纪,欧洲人又将家族或城市的徽章纹样带到中国,描绘在订购的瓷器上,以瓷盘最多(图8-4)。青花五彩阿姆斯特丹市徽章纹盘由比利时皇家历史艺术博物馆(Bruxelles, Musées Royaux d'Art et d'Histoire)收藏,它的中央描绘着阿姆斯特丹市市徽,下部飘带上清晰地写着"阿姆斯特丹"。盘子制作于1720年的清康熙时期,景德镇制造。

世界上许多事物就像无形的链条,有意无意地环环相扣。从一万年前北美洲大陆印第安人的体征,从公元前5世纪希腊胜利女神身上飘逸的丝绸衣裙,从公元1世纪古印度犍陀罗佛像中的

图8-2 清雍正、乾隆景德镇窑粉彩法王路易十四徽章纹瓷八角盘。口径24厘米,法国吉美博物馆收藏。采自台北历史博物馆:《中国古代贸易瓷·国际邀请展图录——综合篇》第84页,1992年。

图8-3 被欧洲人镶上宝石的明嘉靖景德镇民窑瓷碗。口径12厘米,原藏大维德基金会,现藏大英博物馆。采自 Rosemary E. Scott, Percival David Foundation of Chinese Art, 1989。

罗马人容貌,从公元9世纪埃及首都开罗的大量中国唐代陶瓷,从公元1700年前后景德镇生产的西方徽章瓷中,我们可以体察到中西方联结的环链不仅自有人类始就没有断过,而且,这个链环的连接,越来越紧密。其中,15—16世纪的欧洲海上探险热潮是里程碑式的关键一环。

世界历史上有两位最著名的探险家,一位是陆地上的马可·波罗(1253—1324),另一位是海上的哥伦布(1435—1506)。马可·波罗17岁(1270)随父亲来到中国,他在46岁

图 8-4 清雍正景德镇窑青花五彩荷兰阿姆斯特丹市徽章纹瓷盘。口径 38 厘米。采自台北历史博物馆编：《中国古代贸易瓷·国际邀请展图

（1299）时作为战俘，在狱中向狱友《圆桌武士传奇》的作者鲁斯奇开洛（Rustiqiano）口述了自己在东方旅行的故事，而成《东方见闻录》，也就是《马可·波罗行纪》。

　　当时欧洲人来中国，都是走陆路。马可·波罗当年随父亲和叔父乘海船离开威尼斯，亚得里亚海的波涛将他们送上征程。他们走古丝绸之路，穿过两河流域和伊朗，越世界屋脊帕米尔高原，经喀什、于田、罗布泊、敦煌和玉门，抵达元蒙皇族避暑的元上都，再到元大都北京。元上都——这个昔日的繁华之都，

位于今内蒙古自治区锡林浩特市正蓝旗境内（图8-5），如今是一片伸展的草原，站在残垣上，可以看到远方微微隆起的土垠，那是700年前元上都的城墙，城墙外的远方是连绵起伏的山脉。

《东方见闻录》中这样描述中国元代的皇城禁地：

> 在连绵几十里的城墙周围，都是雄伟的城堡，层层排列在里面的宫殿屋顶，在日光的照耀下，发出灿烂的金色或绿色光辉。
>
> 元大都真正繁华的地方是在城外。
>
> 在离城门一公里半的地方，开设有很多美丽的饭店，从各处前来谒见大王的人们，在宫内贩卖货物的人们，在本市交易的人们，都住在这里，终年客满。从世界各地，运来这么多珍奇异物的都市，在世界上还没有第二个。印度出产的珍物奇品，遥远欧洲各国的山珍海宝，中国各地的有名物产，都运到这个都市里来，作为献给大王的贡物，或供王公贵族豪门富户享用。

《东方见闻录》引发了西方人对神秘东方的兴趣，更激励哥伦布把惊涛骇浪踩在脚下，义无反顾地去追寻他的东方梦。

15世纪是西方海上探险的时代。

图8-5 2005年夏季的元上都遗址。霍华摄于2005年夏季。

恰如灯下故人

15世纪上半叶之前，意大利人独占了对东方的通商贸易。那时，苏黎世运河还没有开通，他们在现在土耳其的伊斯坦布尔和黑海海岸设立贸易市场大本营，绕一个大圈子由陆路通往印度。意大利商人在这种绕路和危险的贸易中，获得了暴利，同时也促进了威尼斯等都会的繁荣。当时葡萄牙的亨利王子，梦想着开辟一条绕经欧洲而到印度的海上新航线，打破意大利商人的垄断，使东方财富能直接灌注于葡萄牙的土地。为此，他曾经在1450年随父王乔治一世征伐非洲西海岸的摩尔土著。他不仅自己研究地理学和天文学，还设立海洋研究所，招募研究航海的学者，由此而获得了"航海王子"的美誉。但是，"出师未捷身先死，长使英雄泪满襟"的仰天长啸不仅是东方英雄的长叹，也回荡在1460年葡萄牙的上空。在这一年，航海王子去世了，他梦想的开辟到印度新航线的计划也随波逐流。但是，葡萄牙由此掀起了探险航海热。

出生在意大利的哥伦布，在航海王子亨利去世10年后，移居到葡萄牙，后来又流落到西班牙。他坚信地球是圆的，从大西洋一直往西走，就能到达马可·波罗书中描写的盛产香料和黄金的国家。虽然那时哥伦布并不知道在大西洋和印度之间还横亘着广大的陆地和一望无际的海洋，他要到东方去，并不仅仅为了东洋的财宝，另外还抱着很大的希望和信念。他认为：

世界是整体的,世界上的人类,都是神所创造的,都是兄弟姐妹,都是神的儿女。对于尚未开化的土人和东洋的异教徒,传给他们主耶稣的福音,把正确的信仰,传播到全世界,这就是我一生的愿望。为了这个愿望,就是牺牲了我自己的生命,也不后悔。为了拯救那些人的灵魂,但愿能早一日,把基督教传播到东洋去。也就是靠着基督教,才能把西洋和东洋打成一片。何况,有了东洋的黄金、宝石和香料,就可以作为保护坟墓和援救信徒的费用。

哥伦布的雄心和诚意打动了当时西班牙王国的修道院神父、贵族和大臣们,最终,在当时西班牙女王伊莎贝拉(Queen Isablla)的支持下,哥伦布从1492年到1502年的10年时间里进行了四次航海探险,发现了大西洋上的近千个岛屿,第四次探险到了美洲的哥斯达黎加。他由于发现了美洲新大陆而成为公元1500年前后100年间,西方海上探险的最伟大代表者。

中西航路的打通,使得中西方的交往不必再经过阿拉伯人和印度人的中转。

1497年,葡萄牙人瓦斯·达·伽马(Vasco da Gama)率领船队绕过好望角驶入印度洋。1557年,葡萄牙占据了我国领土澳门,这是第一个从海上闯入我国的欧洲国家,也是第一个直接与我国进行陶瓷贸易的欧洲国家。

　　我国的对外贸易，文献中记载的，可以追溯到汉代的丝绸，实物则以唐代陶瓷最早。1998年，在印度尼西亚勿里洞（Belitung）海域发现了黑石号（Batu Hitam）沉船，经过一年的打捞，出水瓷器67,000件。根据出水的纪年瓷器，船货的年代应为唐宝历二年（826）前后。出水的器物中，最多的是湖南长沙窑的瓷器，另外还有200余件浙江越窑器物，北方地区的白瓷（包括白釉绿彩器）和广东地区的青瓷。沉船出水瓷器反映的是贸易途中的情况，再来看某些到达地的状况。埃及首都开罗南郊的福斯塔特遗址，于1912年开始发掘，陆续出土了中国陶瓷片数万余件，它们的时代从八九世纪的唐代一直延续至清代。唐代，东南沿海地区最重要的对外贸易口岸是扬州港，来自全国各地的瓷器通过扬州港外销。20世纪80年代以来，这里出土了许多唐宋时期国内各大窑口的瓷片，足以说明当年扬州港的繁华。宋元时期，中国陶瓷大量出口到朝鲜、日本、东南亚和信奉伊斯兰教的国家。1974年，当时的日本首相田中角荣先生到中国访问，他见到周恩来总理时曾打趣地说，日本是中国的孙子。周总理不解，田中角荣首相笑着解释道，因为日本陶瓷是向朝鲜学来的，朝鲜陶瓷则由中国传入。从古陶瓷的角度来看，田中首相的说法合情合理。

　　17世纪到18世纪中叶的一百多年间，华夏大地上既有改朝换代的战火,也有开国盛世的繁荣,这是一个微妙的历史时期,也是我国外销瓷历史上最辉煌的时期。位于景德镇珠山的明代官窑,自明洪武二年(1369)始烧,到万历三十五年(1607),朝廷烧瓷档案中停止制瓷记录为止,延续了二百余年。实际上从明嘉靖年间(16世纪中叶)开始,官窑瓷的质量就每况愈下,而民窑对于瓷器质量和数量的要求并不是太高,这是国内的情况。欧洲呢?一方面,当时欧洲人主要使用易碎的低温锡釉陶器,对烧制瓷器一无所知;另一方面,葡萄牙早在16世纪就开始对华贸易。1602年,荷兰成立了东印度公司。东印度公司是17—19世纪荷兰、英国、葡萄牙、瑞典、丹麦、法国等欧洲殖民主义国家为了对中国、印度和东南亚各国经营垄断贸易,进行殖民地掠夺而特许相继设立的公司,延续到19世纪下半叶,甚至北美洲的美国也加入其中。景德镇的民窑瓷业在改朝换代和中西方瓷业贸易的历史罅缝中不仅保存了实力,而且有了长足的进步,其间虽然有朝廷的"海禁",但是民间的贸易,历史上任何时候也未被官方的政策阻断过,当时瓷器的出口亦然。这样高质量大数量的外销瓷生产,为清代康熙、雍正和乾隆时期景德镇瓷业登上中国陶瓷史的最高峰埋下了伏笔。中国去往欧洲的外销瓷业就在这样的背景下发达起来。

清康熙中期,朝廷在国家形势基本安定的情况下,恢复了景德镇珠山御窑厂。同时，清康熙朝廷并没有禁止外销瓷的出口。从康熙二十四年取消海禁以后，到乾隆一朝，外销瓷盛况空前。

当时的商船，不仅要迎风浪避暗礁，还要提防海盗的袭击。由于还没有正规的军舰，所以商船还兼着战舰的任务，许多打捞上来的海底沉船中都装备有铁炮，从某种意义上说，这些商船是战舰的雏形。马来西亚的《南洋商报》曾经估计，马六甲海峡的海底可能有200多艘15世纪以来的沉船（图8-6）。

晚明清初的中国瓷器不仅销往欧洲国家，而且畅销世界各地——英国、葡萄牙、荷兰、西班牙、法国、德国、瑞典、丹麦、俄国、日本、朝鲜、缅甸、越南、泰国、马来西亚、新加坡、印度尼西亚、菲律宾、印度、巴基斯坦、斯里兰卡、伊朗、伊拉克、阿富汗、土耳其、阿曼、沙特阿拉伯、埃及、坦桑尼亚、肯尼亚、埃塞俄比亚、津巴布韦、莫桑比克、赞比亚、巴西、墨西哥和美国。前面提到的徽章瓷是订购产品，在当时的外销瓷中仅占很小的一部分，大量的是商品外销瓷，品种以青花瓷为主，还有五彩瓷、粉彩瓷和德化窑白瓷（图8-7、图8-8）。

1713年（清康熙五十二年）春天，德国人开始生产著名的迈森瓷；1750年（清乾隆十五年），英国人康瓦尔（Counwell）在英国找到了瓷土，英国本土有了生产瓷器的原料；1755年，西班牙工匠在马德里郊外成功烧出瓷器；而法国，直到公元1771年，

图 8-6 海底沉船内被茶叶覆盖着的瓷盘。采自 C.J.A.Jörg,*The Geldermalsen History and Porcelain*,1986，194-86。

在本土里摩日（Limoges）附近发现高岭土矿后，才开始硬质瓷的制造。虽然欧洲的瓷业起步比较晚，但是，高龄土被发现后，欧洲生产瓷器的起点很高，一开始就可以生产出高质量的硬质瓷。欧洲在 18 世纪所生产的产品，质地和现代瓷基本一样坚硬，白度和光泽达到了现代瓷器的程度（图 8-9）。

此时此刻，历史的魔链又一次重新排序，清代中国的瓷业从乾隆晚期开始走下坡路，外销瓷逐渐有量而质差，最终随着鸦片战争的炮声渐渐销声匿迹了。

恰如灯下故人

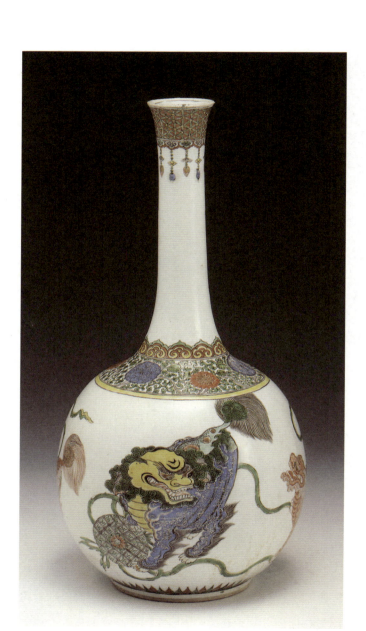

图8-7 清康熙景德镇窑绣球狮子纹瓷长颈瓶。高46厘米,德国赫森艺术馆收藏。采自台北历史博物馆编:《中国古代贸易瓷·国际邀请展展图录——综合篇》第70页,1992年。

图 8-8 清康熙景德镇窑青花山水人物纹瓷盖罐。高23.5厘米,口径6.5厘米,足径8.7厘米,南非文化历史博物馆收藏。采自台北历史博物馆编:《中国古代贸易瓷·国际邀请展图录——综合篇》第130页,1992年。

当年哥伦布航海回国后，向西班牙国王和王后汇报说，地球是圆的。哥伦布去世后 40 年，也就是在 1543 年，哥白尼才著书发表他的地心说——地球绕着太阳旋转，所以，在哥伦布最初游说"地球是球形"时，没有人相信他的话。人们回应道："假如世界是球体，那么，在它下面的人类不就要滑倒了吗？这真是胡说八道。"可是，哥伦布探险发现美洲新大陆的壮举，却拉开了东西方文明亲密接触的序幕。

斗转星移。

21 世纪头几年的一天，美国普利策奖——被视为全球性的奖项，其地位相当于新闻界的诺贝尔奖——三度得主弗里德曼从印度——这个哥伦布曾朝思暮想而未能抵达的"新大陆"——回到美国后，在他太太的耳边轻轻地说："亲爱的，我发现这个世界是平的。"

500 年前，说地球是圆的——振聋发聩；500 年后，说这个世界是平的——同样振聋发聩。

500 年前的 15 世纪，大洋的海风将哥伦布的追随者们送到东方黄金国，这里虽然不是遍地黄金，但是，200 多年后的 17、18 世纪，中国瓷器却一度成为欧洲人财富和社会地位的象征；再 200 多年后，弗里德曼著书《世界是平的》，因为印度软件公司 Infosys 的工程师告诉他，世界是平的——平得就像他召开全球远

图 8-9 德国迈森瓷厂生产的人物花鸟纹瓷盖罐。1727—1730。高 39.6 厘米，英国维多利亚和阿尔伯特博物馆收藏。采自吴晓芳：《欧洲名窑陶瓷鉴赏》第 17 页右下图。

程会议用的那块大屏幕。更有趣的是，这位工程师把这看成好事，是人类发展史上的一个里程碑，认为这是印度和世界发展的绝好机遇。弗里德曼在他的笔记本上写道：全世界的竞技场变平了，世界变平了。在写下这行字的同时，弗里德曼为他的发现既感到激动，又感到恐怖：

  我怎么会得出这样的结论呢？我想一切都是从印度软件公司 Infosys 的会议室开始。Infosys 是印度信息产业的一颗明珠，员工从编写特定的软件程序、计算机维护、特定的研究项目到回答世界各地客户的电话，他们几乎什么都做。
  我们参观 Infosys 的全球会议中心，看到可以通过超大屏幕召开虚拟会议，让其全球供货链的每一个关键成员随时都能参加会议，所以美国设计者们可以同时与印度的软件程序员和亚洲的制造商一起商谈，在屏幕的上端有 8 个时钟，最形象地概括 Infosys 的工作时间，即一年 365 天，一周 7 天，一天 24 小时。8 个时钟分别标出美国西区、美国东区、格林尼治标准时间、印度、新加坡、香港地区、日本和澳大利亚的当地时间。

  Infosys 的首席执行官奈利卡尼（Nandan Nilekani）说："这些

现象仅仅是当今世界所发生的重大变革的一个体现。"他谈道，计算机变得越来越便宜，软件的发展也突飞猛进：有了电子邮件，像 Google 这样的搜索引擎，以及能够分解工作环节的专门软件，工作环节被分解之后就能将一部分发送给波士顿，一部分发送给班加罗尔，一部分发送给北京，远程开发变得更加得心应手。

　　近十多年来，世界发展全球化的趋势越来越明显，在东西方之间，各种贸易、文化相互碰撞激起的地球村浪潮汹涌澎湃，不可阻挡。从哥伦布到弗里德曼，从追波逐浪的东印度公司商船到数字信号，从火和石头中诞生的瓷器到大屏幕，再到几乎人手一部的手机、许多人都离不开的互联网和微信，这些似乎风马牛不相及的人、事、物质、信息，串成了这丰富多彩的世界，赢得这世界平台的将是融入世界浪潮的"世界人"。

九

瓷中骄子珐琅彩

珐琅彩瓷是清代康熙、雍正、乾隆三朝的官窑瓷。它的制作，得先在景德镇御窑厂烧好白釉瓷，然后运到北京，在故宫造办处的小窑内用珐琅彩料（其主要成分是石英、长石和着色剂）在白瓷上绘画，再经低温烘烤而成。珐琅彩瓷生产于清康熙晚期到乾隆时期，是古瓷中的名品。

不知何故，珐琅彩瓷的造型以碗为多，当然，三朝的皇帝大概不会用它进餐。故宫博物院收藏的康熙花卉纹珐琅彩瓶（图 9-1）是少数几个康熙珐琅彩瓶之一，它的圈足内用料彩书"康熙御制"楷书款。

中国在元代就有掐丝珐琅，俗称"景泰蓝"，清代康熙时期

图 9-1 清康熙珐琅彩花卉纹瓷瓶。高 13.2 厘米,口径 4.4 厘米,底径 5.4 厘米,故宫博物院收藏。采自叶佩兰主编:《故宫博物院藏文物珍品全集·珐琅彩·粉彩》1 号。

受西方铜胎画珐琅工艺品的影响,开始出现铜胎画珐琅工艺品(图 9-2)。

珐琅彩瓷是在瓷胎上画珐琅彩,是法国的画珐琅工艺和中国瓷器工艺的混血儿,它烧制成功的背景要从法王路易十四(Luis ⅩⅣ,1638—1715)向中国康熙王朝派遣传教士说起。

法国路易十四"太阳王"是和康熙皇帝(1662—1722 年在位)几乎同时代的君王,他企望天下扬名,于是广遣使团到世界各地,同时欢迎各国使团来访,他把这作为国王的荣光遍布天下的象征。路易十四在位期间,有众多国家的使团赴法国朝见,其间,暹罗(今泰国)使团给太阳王留下了深刻印象。1686 年的一天,欢迎暹罗使团的招待会在凡尔赛宫富丽堂皇的镜厅举行,使团把远东尤其是中国(当时很多华人在暹罗从业)生产的精美礼品——其中包括 1500 件"异常美丽和奇妙"的瓷器——送给还不能生产瓷器的法国人。当时,中国的瓷器已经在欧洲上流社会非常流行,这样一来,更引起了国王对中国的极大兴趣。而当时,路易十四向中国康熙王朝派遣的传教士正在艰难的赴华途中。

法国向中国派遣传教士的事情还要从 15 世纪末说起。在 15 世纪末的地理大发现中,葡萄牙和西班牙在海外展开了激烈的殖民竞争,一度几乎发生战争。教皇亚历山大六世为了维护教会的利益,出面调停,结果在位于北大西洋东中部的亚速尔

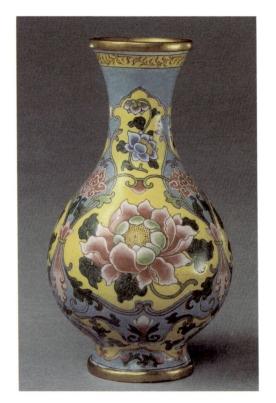

图 9-2　清康熙铜胎画珐琅花卉纹瓷瓶。高 13.5 厘米，口径 4 厘米，足径 4.2 厘米，故宫博物院收藏。采自杨伯达主编：《中国金银玻璃珐琅器全集 6·珐琅器

（Azores Islands）群岛以西 370 英里处划定了一条子午线，规定该线以西新发现之地属于西班牙，以东归葡萄牙，两国都保证只在各自的保护地上传播天主教，于是，葡萄牙具有了所谓在东方的"保教权"。

哥伦布去世 28 年后，西班牙人依纳爵·罗耀拉（Ignace Loyale，1491—1556）于 1534 年圣母升天那天在巴黎创立了一个天主教修会——耶稣会，耶稣会士自称属于"知识阶层"，事实上也是如此。该会规定，每个成员都必须通过不少于 14 年的系统训练——不仅学习神学，还要学习各种自然科学知识。十字架和枪炮是西方殖民主义者在海外扩张中交替使用的两种手段。耶稣会士们在华的实质性活动是以哥伦布的同胞，意大利人罗明坚（Michel Ruggieri，1543—1607）和利玛窦（Matteo Ricci，1552—1610）1582 年入华为肇端的。

在利玛窦入华后的 100 年中，天主教在华的传教事业都受葡萄牙制约：欧洲各国来华的耶稣会士动身前要获得葡萄牙国王的允许，必须在葡国首都里斯本搭乘葡国商船赴华，在华的活动又要归葡萄牙在东方的传教区管辖。17 世纪中后期，法王路易十四在位期间奉行重商主义，使得当时的法国渐渐成为欧洲最强盛的国家，但是，由于法国对远东的经济和贸易渗透落后于其他国家，而且，中法之间尚未开通航路，因此便无贸易可言。所以,在远东,法国的优势无从体现。当时,小国寡民的葡萄牙正处于逐渐衰落之时,路易十四想利用这种状况改变法国在远东的弱势。他想通过直接向中国派遣耶稣会士,打破葡国独霸的东方"保教权",因为他看到了在"保教权"后面的经济利益。1685 年 3 月 3 日,洪若翰(Jean de Fontaney,1643—1710)等 6 名耶稣会士以法国"国王的数学家"身份,带着科学仪器、礼品和年金,从法国布雷斯特港搭乘"飞鸟号"(Oiseau)——路易十四为护送赴暹罗使团而租用的一艘三桅帆船——扬帆东来。几经周折,两年多后,6 位耶稣会士有 1 位留在了暹罗,其余 5 位于 1687 年 7 月 23 日抵达宁波,次年 2 月 7 日抵达北京,3 月 21 日,受到了康熙皇帝的接见。

西方耶稣会士在华传教的历程揭开了新的一页。

这 6 位法国耶稣会士受命于法王,从法国港口,而不是像从前那样受教会的派遣,从葡萄牙首都里斯本出发,这就意味着打破了葡萄牙的"保教权"。他们带着路易十四的"改进科学和艺术"的敕令,身兼传教、科学考察和打破葡萄牙"保教权"以弘扬法国国威的三大任务,而不是像以前的传教士那样,唯一的目的是传教,科学只是一种手段。这 6 位法国传教士都是法国科学院的通讯院士,必须向科学院汇报他们的考察成果。他们的考察内容,有许多在当时属于世界尖端极的科学技术。

我们再回过头来说铜胎和瓷胎画珐琅。

画珐琅的技法于 15 世纪中叶源于法国的法兰德斯（Flanders）。著名的画珐琅工匠都出身于世家，其中有活动期在 1510—1540 年的琤（Jena Ⅰ Penicaud）和活动期约在 1507—1577 年的雷奥那多（Leonard Ⅰ Limsin）。这是和中国的情形很不相同的地方。中国古代只有文人和画家才会因作品流传，而在文苑中留下雪泥鸿爪，他们中只有少数人记录下当时代的名品佳器，而且在明代中期以前很少有记录者会记下工匠的名字，工匠们也几乎没有留名的自我意识。在宋代商品瓷枕上，虽然有广告性质的书款，也只是"张家造""王家造"而已，这种情形直到清代紫砂壶的制作，才有所改变。

16 世纪初，逃亡到瑞士日内瓦的法国工匠琤一世（Jena Ⅰ Toutin，1578—1644）发明了新的画珐琅技法——将颜料研磨得极细，可以与油完全混合，调好后绘于器表，产生具有深浅色泽的油画效果。这种方法传回法国后，法国的里摩日（Limoges）再度成为此后几百年内欧洲画珐琅业的中心。这里的珐琅器以铜和金属薄片作胎，品种很多，有内填珐琅、掐丝珐琅、浅浮雕式珐琅，当然还有画珐琅。

赠送本国方物和工艺品是耶稣会士们常用的交际手段。康熙二十六年（1687）8 月 25 日，洪若翰（Jean de Fontaney，1643—

1710）刚到中国时，在他写回国的信中要求将小件玩器"画珐琅以及珐琅物品作为赠送官员的礼物"。30年后的康熙五十六年（1716）3月，马国贤（Matteo Ripa）在写回国的信中这样写道："皇上变得醉心于我们欧洲的珐琅画，尽各种可能的将其介绍进宫中御厂……由于要有欧洲画家在瓷器上画珐琅，他（指康熙皇帝）命令我们从早到晚和工厂的一些人在一起，我们借口不曾学过这些技法，而且也下决心不想知道这种技法。我们画得糟极了，皇帝看过后，便说'够了'，因此，我们发现我们已由艺奴的状况中解脱出来。"

这里有个小插曲。法国耶稣会士来华6年后的1693年，康熙三十二年，康熙帝患疟疾，御医多方医治无效，此时，洪若翰、刘应（Claude de Visdelou，1656—1737）进献带来的奎宁，治好了他的病。这样一来，康熙帝对法国耶稣会士自然十分有好感，不仅赐予他们宫中的房屋作为寓所，在皇宫内太液池的西边赏地给传教士们建立天主教堂，还钦命第一批来华的法国耶稣会士白晋（Joachim Bouvet，1656—1730）返欧招募新传教士来华，而在此之前，耶稣会士来华服务都是教会主动派遣的。

在这样的背景之下，康熙皇帝用法国的画珐琅技法在中国瓷上做文章是情理之中的事情，而雍正时期珐琅彩瓷的烧制状况则有了一些变化。

雍正时期的珐琅彩，依然在器物的底部用料彩署"雍正御制"官窑款，但是，装饰风格有了变化。色彩方面，绝大多数康熙珐琅彩瓷都是色地，雍正朝色地和白地兼而有之；纹样方面，康熙朝的都是图案式（图9-3），雍正朝的则汲取了中国画的绘画风格，一侧绘山水瑞鸟、花卉草虫，题材多多，另一侧题有诗句，盖着起首印和落款闲章，将纹样展开，俨然一幅幅中国画。北京故宫博物院收藏有一件黄地珐琅彩梅花纹碗（图9-4），碗上一边绘着红白两枝娇艳的梅花，另一面题诗"只言花是雪，不悟有香来"。这是六朝苏子卿所作乐府《梅花落》中的一句，全诗是"中庭一树梅，寒多叶未开。只言花是雪，不悟有香来。上郡春恒晚，高楼年易催。织书偏有意，教逐锦文回"。北宋著名改革家王安石的名篇《梅花》"墙角数枝梅，凌寒独自开。遥知不是雪，为有暗香来"中的后二句，就是借鉴"只言花是雪，不悟有香来"变化而来的，诗的起首和末尾分别绘"翔采""寿古""香清"三方篆书印章。

雍正时期的珐琅彩瓷，更多的是在白瓷上绘画。北京故宫博物院还收藏有一件著名的雍正珐琅彩松竹梅纹橄榄瓶（图9-5），圈足内书"大清雍正年制"款。它的造型十分俊秀，上部和下部收拢，中腹微鼓，这样的造型恰似橄榄，故称橄榄瓶。这只橄榄瓶白釉细润，为松竹梅纹。松竹梅纹又称岁寒三友纹，是古代

图 9-3 清康熙珐琅彩黄地开光花卉纹瓷碗。高 6 厘米，口径 10.8 厘米，足径 4.4 厘米，故宫博物院收藏。采自叶佩兰主编：《故宫博物院藏文物珍品全集·珐琅彩·粉彩》7 页。

恰如灯下故人

图9-4 清雍正黄地珐琅彩梅花纹瓷碗。高6.2厘米，口径12厘米，足径4.6厘米，故宫博物院收藏。采自叶佩兰主编：《故宫博物院藏文物珍品全集·珐琅彩粉彩》17号。

九 瓷中骄子珐琅彩

图 9-5　清雍正珐琅彩松竹梅纹瓷橄榄瓶。高16.9厘米，口径3.9厘米，足径4.8厘米，上海博物馆收藏。采自《中国文物精华大辞典》第429页890号，上海辞书出版社、商务印书馆香港分馆，1995年。

恰如灯下故人

工艺品上常用的传统纹样，松树、竹子、梅花都经寒不凋，象征着古代高士们的高洁情操。瓶子颈部的空白处墨书"上林苑里春常在"，典出初唐著名诗人杜审言（648？—708）的一首七律《春日京中有怀》，诗的前四句是"今年游寓独游秦，愁思看春不当春。上林苑里花徒发，细柳营前叶漫新"。杜审言是唐代近体诗的奠基人之一，诗圣杜甫的祖父。上林苑是汉武帝在秦代旧宫殿的基础上扩建的一处离宫别院群。诗中"上林苑里"对"细柳营前"，"花徒发"对"叶漫新"，十分工整，杜审言也因其在律诗方面的贡献而在唐代文学史上有重要地位。唐代洛阳为东都，杜审言曾任洛阳丞，其家又在洛阳西边的巩义市，因此他对洛阳有一种特别亲切的感情。这首诗，大约作于长安二年或三年的春天，当时杜审言正随驾武则天在长安而不得归洛阳，"上林苑里花徒发，细柳营前叶漫新"，形象地表现出诗人睹物感怀的惆怅心绪。橄榄瓶上和雍正时期其他珐琅彩瓷一样，绘有松竹梅纹的题诗，其起首和末尾都绘着"翔采""寿古""香清"三方篆书胭脂彩印章。

这件橄榄瓶的造型上下对称而修长，色彩雅致，纹样诗、书、印三者结合，将东方艺术品的柔美神韵表现得淋漓尽致。

康、雍、乾时期，三朝皇帝对珐琅彩瓷特别有兴趣，《清造办处活计清档》"珐琅作"条中，有许多关于珐琅彩瓷的记载。

关于珐琅釉料，有雍正四年"十一月初一日，郎中海望持出四色珐琅四块，重一百一十六两。奉旨，著配珐琅用。钦此"。雍正六年以前，绘制珐琅彩瓷的材料都从法国进口，这四块四色珐琅是当初传教士送给康熙帝的礼物，还是后来专门从法国进口的，不得而知。

关于画珐琅彩的白瓷器，有这样的记载，雍正十年八月初九日，首领萨木哈拿出甜白釉橄榄式瓷瓶一件，雍正帝谕旨，在瓶上画黄菊花写诗句并配座。

关于纹样有如下记载，雍正九年四月二十六日雍正帝谕旨在碗上绘珐琅彩，"半边或画寸龙、或梅、或竹、或山水"，另半边交代武英殿待诏戴临写诗句。在北京故宫博物院藏品中，确实有这些纹样的雍正珐琅彩瓷。当年八月十五日，档案上也清清楚楚地记着"画得有诗句红梅花瓷碗一对"呈进（图9-6）。这只红梅花碗上的诗句是"芳蕊经时雪里开"。

这种融诗、书、画于一体的装饰风格与康熙朝珐琅彩瓷形成很大的反差。这种情况的发生，也许与耶稣会士们多多少少有些关系。

1724年，在耶稣会士冯秉正（Mailla）写回国的信中，他谈到雍正皇帝批准驱逐京城以外的所有传教士，并且记录了雍正

图9-6 清雍正珐琅彩梅花纹瓷碗,高6.8厘米,口径14.7厘米,足径5.9厘米,故宫博物院收藏。采自叶佩兰主编:《故宫博物院藏文物珍品全集·珐琅彩粉彩》12号。

九 瓷中骄子珐琅彩

皇帝对传教士们的面谕：

> 你们说你们的宗教不是伪教，朕相信这一点；朕若认为它是伪教，谁能阻止朕摧毁你们教堂、把你们赶走呢？那些以教人积善积德为名煽动造反的宗教才是伪教，白莲教就是这样做的。但是，如果朕派一队和尚喇嘛到你们国家传播他们的教义，你们该怎么说呢？你们如何接待他们呢？
>
> ……但纵然你们骗得了朕的父皇，别指望也来骗朕。
>
> 你们想让所有中国人都成为基督徒，这是你们宗教的要求，朕很清楚这一点。但这种情况下我们将变成什么呢？变成你们国王的臣民。你们培养的基督徒只承认你们，若遇风吹草动，他们可能惟你们之命是从。朕知道目前还没什么可担心的，但当成千上万的船只到来时就可能出乱子。

耶稣会士写回国的信，在当时的法国都汇成书简集发表，伏尔泰当年也看到了冯秉正写回国的这封信，在他的名著《风俗论》中，曾经有所感慨，引用过这段话。

雍正帝真有"先见之明"，他用他的手段来预防西方成千上万船只到来的情况发生。雍正时期（1723—1735），传教士们写回国的信中，除了描述中国的制瓷技术和继续赞美康熙皇帝以外,最多的内容就是谈论中国各地禁教和驱逐传教士的事件。

在珐琅彩瓷碗上,雍正帝也要表达祈求长治久安的意愿。《清造办处活计清档》中记载,"于五月三日,画得久安长治、飞鸣宿食芦雁、绿竹猗猗、红梅……"。红梅纹我们已经看到了,故宫博物院同样也收藏有雍正珐琅彩久安长治纹瓷碗,但是,现在一般都称之为雉鸡牡丹纹碗(图9-7)。它与雍正时期别的珐琅彩瓷碗一样,胎子细腻,瓷质白净,白釉洁白匀净,外壁绘着诗、书、画一体的中国式传统纹样,一侧绘着雉鸡牡丹鹌鹑纹,有意思的是,雉鸡那长长的漂亮尾羽特别显眼,而那边的小鹌鹑也好像怕别人看不见自己似的,使劲地往上伸着脖子。不过也确实如此,现在人们提到这只碗时,确实忽略了鹌鹑这个小东西的存在,但它在纹样中确实是一个重要的不可或缺的角色,因为,这是雍正皇帝所欣赏的久安(鹌鹑)长治(长雉尾)纹珐琅彩碗;画面的另一侧题诗"嫩蕊包金粉,重葩结秀云",这两句诗出自韩琮的《牡丹》,韩琮是唐代一位名气不大的诗人。珐琅彩碗上的牡丹姹紫嫣红地怒放着,不知道为什么却配上这样一首吟咏含苞待放牡丹的诗,全诗云:"残花何处藏,尽在牡丹房。嫩蕊包金粉,重葩结绣囊。云凝巫峡梦,帘闭景阳妆。应恨年华促,迟迟待日长。"

由于雍正皇帝对待耶稣会士的态度与康熙皇帝迥然不同,珐

图 9-7 清雍正珐琅彩久安长治纹瓷碗。高 6.6 厘米，口径 14.7 厘米，足径 6 厘米，故宫博物院收藏。采自叶佩兰主编：《故宫博物院藏文物珍品全集·珐琅彩粉彩》二号。

琅彩，这个与法国耶稣会士有关联的康熙朝官窑新品种，在雍正时期面貌一新，完全呈现出中国传统的装饰风格，是顺理成章的事情。不仅如此，雍正朝官窑瓷器中的中国风格也大大增强。雍正时期，生产出国产的珐琅彩绘画颜料，改变了以往珐琅彩瓷颜料依靠进口的状况，同时，粉彩被发扬光大。粉彩是康熙时期成功地从珐琅彩瓷中衍化出的纯粹中国装饰风格的瓷器新品种，也是珐琅彩的平民化品种，它在乾隆朝以后成为中国瓷器最主要的装饰手法。

对于法国耶稣会士们来说，情况很快有了转机。1725年，乾隆皇帝登基。

乾隆帝文韬武略，既有安邦治国的十全武功，也有诗词书法的艺术天赋，而且十分青睐传统艺术品。乾隆朝的珐琅彩既有康熙朝遗风，也有雍正时期中国传统风格的作品，更精彩的是乾隆珐琅彩中西合璧，异彩纷呈。

乾隆珐琅彩山水人物纹绶带耳葫芦式瓷扁瓶（图9-8），仅高10厘米，但它小器大样，尺幅千里，合璧中西。葫芦瓶的造型出现于新石器时代，这只葫芦式小瓶的造型糅合了西域的扁瓶样式，将瓶子的圆弧面削平，以便于绘画，并在上下腹之间安置了二条飘带式样的把手，由形状称之为如意耳或绶带耳，这样，瓶子的造型显得更加中国化。纹饰以黄色为锦纹的地色，

图 9-8 清乾隆珐琅彩山水人物纹绶带耳葫芦式瓷扁瓶。高 10 厘米，口径 0.6 厘米，足边长 2.8/2.1 厘米，故宫博物院收藏。采自叶佩兰主编：《故宫博物院藏文物珍品全集·珐琅彩粉彩》35 号。

图9-9·油画《渡口》。17世纪,[荷兰]萨罗门·梵·罗伊士达(Salomon van Ruysdael,1600—1670)作,71×107.5厘米,卢浮宫收藏。采自《世界博物馆全集10·罗浮博物馆》第48页图84。

锦纹的纹样糅合了中国卷草纹、勾莲纹和西方丰饶角的构图元素,这样富丽堂皇的锦纹将开光内的主题图案烘托得光彩照人。主题纹样一共有两面四幅,每面的上幅用单色胭脂红珐琅彩绘画,一面画中国山水——崇山峻岭,古树繁茂,大江横流;另一面绘西方风光——城池渡口,古树参天,教堂高耸。这幅西方风光图让人联想到卢浮宫收藏的17世纪荷兰画家萨罗门的油画《渡口》(图9-9)。下图的两幅,一面绘着汉装、持如意的母子,却是一幅欧洲人的模样,仔细揣摩,真像是一幅欧洲版的"三娘教子";另一面画圣母与耶稣,这是西方中世纪最常见的绘画

九　瓷中骄子珐琅彩

题材。这幅画面使人联想到达·芬奇笔下的圣母与圣安妮那美丽端庄高贵的形象以及圣子可爱的模样。但是，绝大多数西方的圣母子形象，都是圣子耶稣端坐在圣母玛利亚的腿上，而这幅珐琅彩瓷画上的圣子虽然也坐在圣母的腿上，却像中国画里调皮的孩子那样有些手舞足蹈，这是一幅中国版的"圣母子"。1764年（乾隆二十九年），韩国英（Pierre-Martial Cibot）神父曾经在写回国的信中要求给他们寄一些天主和圣母的画像，并且说明"这些画像中的身体部位，除了脸部和手部之外，不能没有遮盖，否则这些画像在我们这里将派不上用场"。后来，法国神父是否满足了在外传教游子的心愿，寄装束严实的天主和圣母画像到中国来，我们不得而知。因此，这幅珐琅彩画上的圣母子画像是出自耶稣会士，还是出自在宫廷内服务的西方画师之手，不得而知，但它肯定有蓝本。

这件绶带耳葫芦式扁瓶上的四幅图画，在构图上既用了东方式的大气透视法，也用了西方的线性透视。中国画中，表示大山的远近并不是近大远小，而是近清晰远朦胧，西方人称之为大气透视法。珐琅彩瓶上部的山水、城市图使用的就是这种方法；而下面的两幅人物图，虽然"三娘教子"中绘的是中国家具，而"圣母子"中是西方门庭作背景，但都是线性透视，使人联想到梵·埃克的名作《奥丹的圣母》（或称《罗兰大法官的

九　瓷中骄子珐琅彩

图9-10 《奥丹的圣母》，或称《罗兰大法官的圣母》(The Virgin of Autun，or The Virgin of Chancellor Rolin)。版画，66×62厘米。梵·埃克(Jan van Eyck)，1930—1441、1433—1435年作，卢浮宫收藏。采自《世界博物馆全集10·罗浮博物馆》第44页图78。

圣母》，图9-10)，这幅画作于1433—1435年，木版画，由卢浮宫博物馆收藏。

纹样中不仅运用了西方的透视画法，这四幅画还使用了明暗的绘画技法。中国画历来讲究固有色，绘画多为平涂，而西方绘画讲求光感，于瓷器上也是如此。中国传统的五彩瓷上，花瓣的颜色没有表现浓淡色彩，而是平涂一色，但是珐琅彩和粉彩用渲染的手法，使色泽有浓淡之别，以表示光感，这是欧洲绘画技法在中国瓷器上成功运用的典范。

清代康熙朝后期刚开始烧珐琅彩瓷的时候，马国贤和郎世宁都不愿意整天和宫廷画师们坐在一起画珐琅彩瓷，至乾隆时期，专门从法国国内招来了耶稣会辅理修士王致诚（Jean-Denis Attiret），他1738年来华任宫廷画师，服务近30年之久。1743年，他在写回国的信中说，他当时每天要用四分之三的（工作）时间在玻璃上绘画，他是否也在白瓷上画珐琅彩纹样就不得而知了。

"小小竹林子，还生小小枝。将来做笔管，书得五言诗。"这是唐代长沙窑执壶上书写的一首五言诗，虽然它没有被收入唐诗中，但是它写出了小小竹枝的情怀。

珐琅彩也好，法国耶稣会士也罢；毛笔也好，油画笔也罢，从清代康熙朝晚期到乾隆朝百余年的历史中，珐琅彩瓷有多少故事呵……

十 三只瓷盘的遐想

司马光,《资治通鉴》的作者,翰林院学士兼侍读,北宋哲宗时期的宰相。《资治通鉴》洋洋大观,是历代帝王的教科书,其中有司马光砸缸的典故。现在小学一年级的语文课本中也有《司马光砸缸》的课文,通过学习,不仅使孩子们增加了词语量,练习了表达紧张气氛的朗读能力,还告诉孩子们遇到紧急情况时,要沉着冷静,动脑筋,想办法。司马光砸缸的故事不仅在中国家喻户晓,妇孺皆知,而且还远扬世界。

日本著名的出光美术馆收藏了三件司马光砸缸救友图八角形瓷盘(图10-1、2、3),一件产自日本九州地区佐贺县有田町南

图 10-1　18世纪司马光砸缸救友图八角形瓷盘。口径 23.3 厘米，日本有田（柿右卫门）烧制，日本东京出光美术馆收藏。采自北京故宫博物院、日本出光美术馆：《陶瓷之路——中国、日本、中东、欧洲之间的陶瓷交流》174号，1989年。

图 10-2　18世纪司马光砸缸救友图八角形瓷盘。口径 23.8 厘米，英国切尔西（Chelsea）烧制，日本东京出光美术馆收藏。采自北京故宫博物院、日本出光美术馆：《陶瓷之路——中国、日本、中东、欧洲之间的陶瓷交流》176号，1989年。

恰如灯下故人

图 10-3 18世纪司马光砸缸救友图八角形瓷盘。口径22.6厘米，德国迈森（Meissen）烧制，日本东京出光美术馆收藏。采自北京故宫博物院、日本出光美术馆《陶瓷之路——中国、日本、中东、欧洲之间的陶瓷交流》175号，1989年。

郊的南川原，一件是英国切尔西（Chelsea）瓷厂的产品，还有一件出于德国迈森（Meissen）瓷场。有意思的是，这三件瓷盘上所描绘的纹样都是司马光砸缸救友。

中国明代万历时期（1573—1620）的五彩瓷白地细润，色彩斑斓，坚致耐用（图10-4），这种五彩瓷的烧制技法，在17世纪是世界级的"尖端技术"。

1592年（明万历年间），日本幕府大将军丰臣秀吉大举入侵朝鲜，妄图通过朝鲜进攻中国，这是朝鲜历史上著名的壬辰倭乱。丰臣秀吉当时下了一道命令——将朝鲜的陶工悉数带回国。

图10-4 明万历五彩凤纹瓶。高49.5厘米,口径15厘米,足径17.2厘米,故宫博物院收藏。采自国家文物局主编:《中国文物精华大辞典·陶瓷卷》第401页图794,上海辞书出版社、商务印书馆(香港),1998年。

在随丰臣秀吉侵朝的武将中，有许多人喜欢茶道，他们从朝鲜半岛带回很多陶工，并在日本以九州为中心建造起窑场，就这样，从中国传到朝鲜半岛的陶瓷烧制技术又一次被带入日本列岛。日本最早的瓷器受到朝鲜的影响，明代天启、崇祯时期，大量中国瓷器进入日本，日本开始直接学习中国的烧瓷技术，日本瓷器的品质由此有了长足的进步。

17世纪40年代，在日本佐贺的小镇有田，円西父子在他们家的瓷窑中，试制成功了日本的第一件五彩瓷器。这对父子，父亲名酒井田圆西，儿子就是著名的柿右卫门（1596—1666），日本江户时代著名的陶艺家，当时他的名字是喜三右卫门。当时日本的烧瓷技术只能绘制青花瓷。圆西父子借鉴中国的五彩瓷技法，通过贸易商从中国进口彩绘原料，付出了两代人近三十年的心血，终于在喜三右卫门48岁时成功地烧出了绚丽多彩的赤绘瓷。明崇祯十七年，也就是明王朝的最后一年——1644年，喜三右卫门用自己烧制的上等瓷器，盛放着柿子，献给藩王，藩王赐给他"柿右卫门"这个名字，从此，喜三右卫门更名柿右卫门，同时，柿右卫门也成了日本赤绘瓷的代名词。在日本，柿右卫门瓷从那时起代代相传，至今已经是第14代了，早期的柿右卫门瓷被视为国宝。至今在日本还有许多关于柿右卫门烧瓷的传说。

柿右卫门瓷具有高雅的特质，它以奶白色为地，用红、绿、黄、蓝等色彩描绘花鸟、人物、山水纹样，同日本画界狩野派——日本著名的宗族画派，延续七代，雄踞日本画坛长达两百余年，作品尤以富丽堂皇的屏风画为特色——的屏风画有异曲同工之妙，深得日本人士喜爱。

这件司马光砸缸救友图八角形瓷盘就是柿右卫门瓷盘，它最大径22.6厘米，是18世纪的产品。在乳白色的素地上，以鲜明色彩和锐劲的线条表现出优美的艺术效果。

柿右卫门瓷被命名的那一年——1644年，正是中国改朝换代之年。当时欧洲还不能生产硬质瓷，但是由于连年战乱，中国此时已无暇太多顾及世界陶瓷市场，日本随即成为世界陶瓷贸易大国。历来开放的日本人并没有单纯模仿中国陶瓷，而是借鉴中国的烧瓷技术和传统文化，推出了有日本风格的陶瓷，打破了中国自唐代以来，独享世界陶瓷市场近一千年的局面。当时，由于装载日本青花和五彩外销瓷器的货船从日本伊万里港出航，驶向欧洲，所以，这些瓷器又被称做伊万里瓷。17世纪中叶，有田瓷器竟然一度取代了中国瓷器，畅销欧洲大陆，直至清代康熙中期（1700年左右）以后，中国外销瓷贸易才重新恢复了它在这一领域内的主导地位。

在这样的循环中，日本陶瓷艺术之美深深地吸引了欧洲的王公贵族们。17世纪晚期,荷兰东印度公司首先把日本柿右卫门瓷器引进欧洲,它以五彩缤纷的视觉优势,很快广受欢迎,曾一度独占中国和日本外销瓷鳌头,日本的外销陶瓷进入了一个最辉煌的时代。

迈森是德国南部的一个城市,是欧洲陶瓷史上值得大书特书的一个地方。18世纪初,萨克森王国的财政状况不佳,按照当时的经济状况分析,只有自给自足才能脱离困境。著名学者车恩豪斯(Ehrenfried Walther von Tschirnhaus)建议萨克森选帝侯奥古斯都二世(Augustus Ⅱ)建立一座瓷器工厂,生产商品瓷,这在当时当地是一种昂贵的产品。车恩豪斯曾经烧制过被欧洲人称为蜡瓷的软质瓷,但是,它没有使用价值。于是,热衷于办瓷器工厂的奥古斯都二世特地把炼金师约翰·弗里德希·伯特格尔(Johann Frich Böttger,1682—1719)——他曾经做过很多实验,试图点石成金——予以军事监护,命令他研制瓷器。从1701年开始,其间经过了几次逃跑与抓回的反复,最后伯特格尔被囚禁在迈森的阿尔伯热克特斯古城中,在车恩豪斯的帮助下,他终于将试图点石成金的热忱用到研制瓷器上。他们做了数万次试验,其间还遇到战争的麻烦,最后终于在1708年1月5日烧出了三炉白色而透明的瓷器。1710年,迈森瓷厂烧制的白瓷参展莱比锡春季博览会,1713年,迈森瓷厂可以生产商品瓷,但是

图10-5 明永乐官窑青花婴戏纹瓷碗。高6.7厘米,口径19.6厘米,足径6.4厘米,香港天民楼收藏。采自汪庆正、葛师科主编:《天民楼珍藏青花瓷器》12号,上海科学技术出版社,1996年。

产量很低,有时一炉只能出一两件正品。以德国迈森瓷厂成功烧制瓷器为标志,揭开了欧洲瓷器生产的历史。此时恰逢日本外销瓷盛期余波,德国的迈森、英国的切尔西与荷兰的代尔夫特等欧洲陶瓷企业,纷纷开始模仿日本外销瓷器,生产自己的产品。柿右卫门的赤绘技法尤其引起了欧洲人的兴趣,在欧洲各地被仿制,对欧洲陶瓷风格的发展产生过重要的影响。

德国迈森瓷厂和英国切尔西瓷厂生产的司马光砸缸救友图八角形瓷盘,就是在这样的背景下,仿照日本柿右卫门司马光砸缸救友图八角形瓷盘烧成的。

婴戏图充满勃勃生机,是中国古代工艺品纹样中的主要题材,从唐代到清代一直在瓷器上沿用不衰(图10-5)。中国瓷器上的婴戏图具有中国绘画风格,画笔流畅,儿童形象朴实机灵,

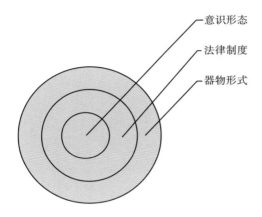

图10-6 文化层次示意图

在明末清初的青花瓷上有司马光砸缸救友的图案。柿右卫门外销瓷的花鸟纹样,一般都具有日本绘画的艺术风格,而这件瓷盘选用了司马光砸缸救友的中国人物传统图案为装饰题材,一方面,显现出当时日本文化对中国传统文化的积极汲取之态,另一方面也表明,中国陶瓷当时在世界陶瓷领域具有不可替代的神圣地位。

关于"文化"的定义,目前世界上有200多种,但是还没有一个公认的确切表达。有学者研究,可以将任何一种文化分离为三个同心圆,也就是说三个层次(图10-6)。文化同心圆的核心是意识形态层,第二圈是法律制度层,外围是器物形式层。意识形态核心层决定并且规范着法律制度层和器物形式层的内涵和形式。

日本瓷器上虽然绘着中国传统纹样，欧洲瓷器虽然能够依日本葫芦画欧洲的瓢，制造出柿右卫门式的彩瓷，却绘不出中国儿童的东方神韵。这三件盘子的画面上，孩童结中国古代儿童的双髻发式，着中国汉代缅衽服装，但是德国迈森的司马光砸缸救友图，人物形象生硬，而英国切尔西瓷盘上，举石砸缸的司马光则干脆是一幅西方人的面孔。日本的司马光砸缸救友图上的人物，虽然具有东方人形象，但是，八角形的盘子，赤绘瓷的工艺，竹叶的画法，与中国人的审美习惯去之千里，即使是不熟悉中国绘画艺术的人，一看到这三只盘子也能够辨别出它不属于中国；人们会感觉到，它的纹样题材是中国的，而面貌是东洋和西方的，有些不伦不类。

日本、德国和英国的这三只瓷盘，造型有棱有角，不似中国传统盘子造型圆浑；司马光砸缸救友图纹样的线条，也不似中国传统画笔那样流畅。司马光砸缸救友的文化内涵，此时变成了外延，而质感、造型和线条，这些表象元素好像变成了文化的内涵，诠释着中国文化的核心——中庸意识。

和中庸意识相对应，中国传统器型是端庄完美的方圆世界，给人以平和温馨之感。古代工艺品中，多边、多棱、椭圆和不对称的造型，被称为异形器。中国历史上，唐代、元代和明永乐、宣德二朝的异形器比较多，在这几个时期，带有外域风格的装饰也流行于世。

青釉浮雕凤首龙柄壶，是唐代作品，现藏故宫博物院（图 10-7）。凤首的造型，浮雕的装饰手法，身躯肥硕的半裸人物形象和卷草纹、连珠纹，都张扬着异域的情调，尽显大唐帝国接八面来风于华夏的宏大气势。

元帝国，铁蹄横扫欧亚大陆，元代瓷器中也融合了伊斯兰民族的情调（图 10-8）。

明代永乐三年（1405）至宣德八年（1433），在 28 年的时间里，郑和率领当时世界上最浩大的船队七下西洋，比哥伦布于 1492 年带领三艘海船出航早 87 年。郑和出身于虔诚的伊斯兰教家庭，同时又是佛家弟子，故而，极易开展同东南亚、印度洋沿岸国家的交流。他们从今天江苏太仓的刘家港出发，凭借先进的航海技术，历遍东南亚、印度半岛、波斯湾、阿拉伯半岛、红海以及非洲东岸近 30 个国家。关于郑和下西洋的动机，历来有 N 种说法——寻找建文帝、宣扬国威、抗击帖木儿帝国、消灭元末群雄残留的海军、经营国际贸易等等，不管哪一种动机，都是内敛的意识，不曾有觊觎他国资源或说教于别族的企图。在明永乐、宣德官窑瓷中，有一些明显带有伊斯兰文化特征的器

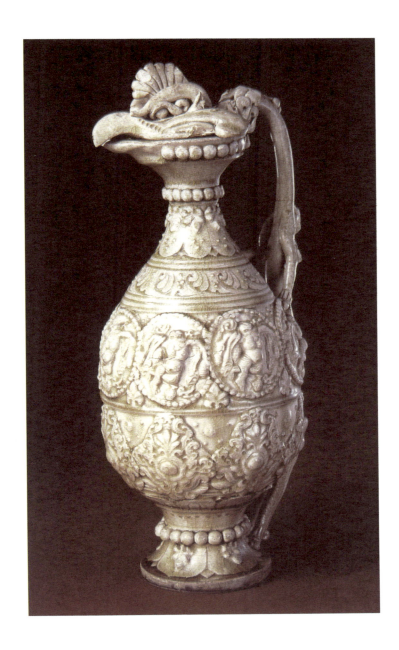

图10-7 唐青釉浮雕凤首龙柄壶。高41.3厘米,口径9.5厘米,故宫博物院收藏。采自《中国陶瓷全集5·隋唐》。

恰如灯下故人 174 | 175

物，向我们述说着当年郑和船队所到之处各民族文化之间的交往。明永乐、宣德官窑瓷中扁瓶造型多达八九种，它们的共同特征是腹部呈椭圆形（图10-9），灵感来自于伊斯兰民族的扁壶（图10-10）。故宫博物院藏青花大扁瓶（图10-11）造型是典型的具有伊斯兰文化色彩的器物，是扁瓶中的极致。

清乾隆官窑督窑官唐英有笃深的中国传统文化造诣，十分明了中国传统造型的中规中矩特征，将大扁瓶立了起来（图10-12），这是传统和外来完美结合的典范。

中庸——和谐——追求事物内部的平衡、外部的协调，一个

图10-8 元代青花龙纹瓷扁壶。高36.8厘米，英国国立维多利亚工艺博物馆收藏。采自汪庆正主编：《中国陶瓷全集11·元》190号，上海人民美术出版社，2000年。

图 10-9　明宣德官窑青花花卉纹瓷扁瓶。高 25 厘米，故宫博物院收藏。采自耿宝昌主编：《故宫博物院藏文物珍品大系·青花釉里红（上）》99 号。

世界如此，一个国家如此，一个团体如此，一个家庭如此，人的一生亦如此。"形而上者谓之道，形而下者谓之器"，然而，集中国传统思想的智慧精华，实则却是形上形下贯而通之，这就是取自天地之法的"中庸"之道。

同一民族的人们沐浴着同一传统文化的阳光，容易满足于技而滞于道——满足于技术而不去考究其中的奥妙；而在不同的文化之间，人们则苦于技不得精而领悟不了道——学不好外族的技术而领悟不了其中的奥妙。如此，给司马光长上西方人的面孔也就不足为怪了。

图10-10 鎏金使用的玻璃扁壶。这是1250年至1260年叙利亚或者埃及的作品。大英博物馆藏。采自《世界博物馆全集6·大英博物馆》第109页图248。

图10-11 明永乐官窑青花花卉纹瓷扁瓶。高54厘米，口径6.5厘米，背径34厘米，故宫博物院藏。采自耿宝昌主编：《故宫博物院藏文物珍品大系·青花釉里红（上）》37号。

十　三只瓷盘的遐想

图10-12 清乾隆官窑青花瓷扁瓶。高50厘米,口径8.3厘米,足径12×16厘米,南京博物院收藏。采自《中国青花瓷器史》第306页。

十一 天龙地黄铺宫瓷

　　南京博物院的前身是民国中央国立博物院筹备处，收藏着大量流传有序的官窑瓷。在展厅中，陈列着一组清官窑云龙纹碗盘：黄釉刻花云龙纹盘，蓝地黄彩云龙纹碗，黄地蓝彩云龙纹碗，绿地紫彩云龙纹盘，它们是清官窑瓷，是皇帝的女眷们使用的餐具。这些碗盘上都绘着云龙纹，圈足内都有青花双圈"大清某某年制"（"某某"指清代各个不同的时代）官窑款，特别有意思的是碗盘上的黄色依次减少，从全黄釉到外壁黄釉内壁白釉，再到黄色作为地色，又到黄色作为彩料描绘龙纹，而绿地紫彩云龙纹盘上甚至没有一丝黄色。

清乾隆七年（1742），乾隆帝弘历指令鄂尔泰、张廷玉等编纂《国朝宫史》，乾隆三十四年十二月完成。全书分为六门：训谕、典礼、宫殿、经费、官制、书籍，一共三十六卷，收入《四库全书》史部。清朝廷不仅在典章中规定了官窑瓷器在正式场合的使用规程，而且在《国朝宫史》卷十七"经费"条中，对皇室内廷从皇太后到皇子侧室福晋（夫人）的日用消费都有明确的规定，不仅是瓷器，对其他质地的器皿，如漆器的使用数额也都做出了规定。"经费"条中有如下文字：

> 王制冢，宰制国，用量入以为出。国家法之一切，岁由定额。至于内廷经费，则领于内务府……我圣祖仁皇帝，鉴往规来，禁浮返朴，垂为诫谕，家法昭然。皇上俭德永图，亲加厘定，上自后妃嫔御，下既左右洒扫之役，限之以等，咸析之以日月。……谨志经费三卷，以昭亿万年法守。
>
> 经费一　铺宫
>
> 皇太后　黄瓷盘二百五十　各色瓷盘百　　黄瓷碟……
>
> 皇后　　黄瓷盘二百二十　各色瓷盘八十　黄瓷碟……
>
> 皇贵妃　白里黄瓷盘四　　各色瓷盘四十　白里黄瓷碟……
>
> 贵妃　　黄地绿龙瓷盘四　各色瓷盘三十　黄地绿龙瓷碟……
>
> 妃　　　黄地绿龙瓷盘二　各色瓷盘二十　黄地绿龙瓷碟……

嫔	蓝地黄龙瓷盘二 各色瓷盘十八……
贵人	绿地紫龙瓷盘二……
常在	五彩红龙瓷盘二……
答应	各色瓷盘八……
皇子侧室福晋……	

上述品种的碗盘，南京博物院都有流传有序的收藏。

清代皇帝女眷，第一等级是皇后，由她主持内宫事务。妃是第二等级，其中皇贵妃一人、贵妃二人、妃四人。第三等级是嫔，六人。第四等级是贵人，以下依次为常在、答应，没有数额限定。皇后居中宫，妃嫔居东西十二宫。

在古书上虽然很早就有色彩的记载，如黄、白、朱、赤、青、丹、墨、黑等，但是，中国古代的色彩观念是人的感性和主观意识的综合体现，其意义远远超过颜色自身的物理属性。在中国传统文化中，青、白、赤、黑、黄五色与金、木、水、火、土五行相对，又与东、西、南、北、中五方相对，五色之外的颜色都不是纯正的色彩。宫廷的用色依附于礼制，黄色的等级最高。铺宫瓷上黄色的多少，标志着使用者身份的高低——皇太后和皇后用全黄釉的（图11-1），有的碗盘内外壁上都刻着暗花龙纹；皇贵妃用外黄色内白色的（图11-2）；贵妃和妃用的碗盘

恰如灯下故人

图11-2 清雍正官窑外黄内白釉瓷盘。高4.6厘米，口径20.9厘米，足径12.8厘米，南京博物院收藏。采自徐湖平主编：《中国清代官窑瓷器》第181页。

以黄色为地色，其上用蓝色或者绿色绘龙纹（图11-3）；嫔只能用黄色作彩（图11-4）的碗盘，至贵人所用没有黄色（图11-5），她们用绿地紫彩碗盘，常在只能用杂色的五彩碗盘（图11-6），而答应所用的碗盘上不能绘龙纹，只能用单色釉的（图11-7）。我们权且将皇帝女眷们使用的这一类餐具称作铺宫瓷。

明、清两朝官窑的龙纹在装饰风格上明显不同，龙纹在明代之前很有神圣感。清代官窑的龙纹不仅作为主要纹饰，还衍退为衬托纹样。明代也有龙穿花的纹样，但是，龙纹是主体，花卉为陪衬。康熙雕地龙纹素三彩花蝶纹碗中的龙纹（图11-8），以雕地龙纹作为花蝶纹的衬托，雕地龙纹的线条很细，故而看不清楚。这种现象在明代官窑瓷器中从来没有出现过，这也从一个侧面说明，清皇室的思想观念中，龙纹的神圣感不及明朝廷。

十一 天龙地黄铺宫瓷

图 11-3 清康熙官窑黄地青花龙纹瓷碗。高 5.9 厘米，口径 13.1 厘米，足径 5.8 厘米，南京博物院收藏。采自徐湖平主编：《中国清代官窑瓷器》第 71 页。

图 11-4 清康熙官窑青花地黄彩龙纹瓷碗。高 6.5 厘米，口径 14.1 厘米，足径 5.9 厘米，南京博物院收藏。采自徐湖平主编：《中国清代官窑瓷器》第 72 页。

大清康熙年製

图11-5 清康熙官窑绿地紫彩龙纹瓷盘。高6.1厘米，口径32厘米，足径23厘米，南京博物院收藏。采自徐湖平主编：《中国清代官窑瓷器》第74页。

图11-6 清乾隆官窑五彩龙凤纹瓷碗。高7.4厘米，口径15.4厘米，足径7.3厘米，南京博物院收藏。采自徐湖平主编：《中国清代官窑瓷器》第282页。

十一　天龙地黄铺宫瓷

图 11-7 清雍正官窑绿釉锥刻花松鹤遐龄纹瓷盘。高 3 厘米，口径 13.2 厘米，足径 8 厘米，南京博物院收藏。采自徐湖平主编：《中国清代官窑瓷器》第 160 页。

图 11-8 清康熙官窑雕地龙纹素三彩花蝶纹瓷碗。高 6.8 厘米，口径 14.7 厘米，足径 6.8 厘米，南京博物院收藏。采自《中国清代官窑瓷器》第 67 页。

恰如灯下故人

龙纹是官窑瓷中使用最多的纹样，铺宫瓷中所用的龙纹都是正规的龙纹。清代龙纹官窑瓷不仅仅在正式场合与日常生活中显示着皇族的尊贵，而且于工艺的"把玩"上亦精益求精，特别是清代康熙、乾隆时期，一些官窑陈设瓷的纹样中融入了青铜器和家具上的龙纹形象（图11-9），为程式化的官窑瓷器增添了新鲜元素。

绝大多数官窑瓷器都有帝王年号款，特别是清代官窑瓷，从"大清顺治年制"到"大清宣统年制"，都书着"大清某某年制"官窑款，唯有一件例外，圈足内书着"大明康熙年制"款。这是一只小小的青花贯套纹酒杯，高仅5厘米，口径8.8厘米。杯的胎体坚致而轻薄，迎光透亮，绘青花贯套纹（图11-10），较小的圈足内书写"大明康熙年制"楷书款，款字书写不工整，具有康熙早期的书款特征。这样的酒盅是宫廷里的日常用品，有不少重复件，它们都书写着"大清康熙年制"楷书款，唯有此件例外，应该是无意为之的误笔。这个现象客观上说明，此时官窑器并不像明代官窑器那样件件严格检验过关，同时也反映出当时的民众，至少是那位画匠的心中仍然有明代的影子。

专用器皿是使用者身份的象征，官窑瓷是皇家至尊形象的标志。

官窑，是专门为皇族官家生产瓷器的窑场，中国官窑瓷的生

图11-9 清乾隆官窑夔龙纹洗口瓷瓶。高20厘米,口径5.6厘米,足径6.4厘米,南京博物院收藏。采自《中国清代官窑瓷器》第279页。

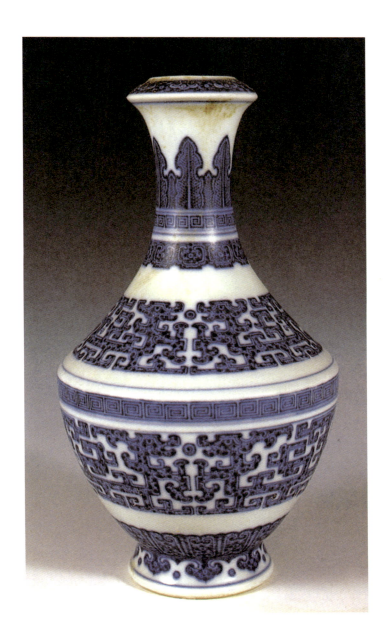

图11-10-1 清康熙官窑青花贯套纹瓷酒盅。高5厘米，口径8.8厘米，足径3.5厘米，南京博物院收藏。采自《中国清代官窑瓷器》第108页。

产历史可以追溯到瓷器的诞生之时。《周礼·考工记》是我国最早的一部官方工艺著作，一般认为其成书于春秋时期，其中有"旅人做簋、豆"等原始瓷礼器的记载，它们是最早的官器；流传至今的唐代越窑瓷器中，著名的秘色瓷是给皇家的贡瓷；文献中有北宋汴京官窑的记载，但是此窑还未发现确切的窑址；北宋著名的汝窑、定窑和景德镇窑都曾专门为朝廷烧制过专供瓷器；南宋临安凤凰山下的修内司官窑（即南宋时期的老虎洞窑）和乌龟山的郊坛下官窑为最早的二处专门烧制皇家瓷器的窑场；元代则有景德镇的浮梁瓷局为官府掌控所需瓷器的生产，据推测，高安元代窖藏中出土的元代卵白釉印花五爪龙纹高足杯即是元代枢密院在景德镇窑定制的枢府瓷。

十一 天龙地黄铺宫瓷

北宋之前，官窑器的烧造任务都在民窑中完成，当时的所谓官窑是"有命则供，无命则止"的烧造体制。文献与科学考古发掘资料都说明，专为朝廷烧造瓷器的御窑厂最早建立于南宋的临安，即现在杭州的修内司官窑和郊坛下官窑。

明代，官窑的体制有了本质的改变，改变的背景是明洪武二年（1369），明朝廷做出了"祭器皆用瓷"的明确规定。古代社会中，祭祀是国家大事之一。对"祭器皆用瓷"现象的出现，可以从两方面分析。

一方面，从中国古代器物的层面观察，它将瓷器的地位从附属层次正式提上了主流地位。这种现象可以从中国古代工艺史和陶瓷发展史两个角度分析。从中国古代工艺史角度看，瓷器在元代之前一直处于非主流地位，一直在模仿其他主流器物。玉器一直被视为中国古代工艺品中的主流产品，瓷器一直在为追求其釉色的玉质感而努力，例如，南宋的官窑、龙泉窑青瓷，明成化时期景德镇窑生产的瓷器，都是将它们的釉是否具有玉质感作为衡量其质量好坏的标准。从陶瓷发展史角度看，商周时期，青瓷仿青铜器；汉代和三国时期，瓷器除了仿青铜器，还仿漆器；唐、宋、元时期，瓷器仿金银器。当然，这里指的都是高档瓷器。

另一方面，从瓷器本身层面分析，它必须提高质量和产量，以满足中央朝廷的需要。明洪武二年，明朝廷在景德镇设立了长期固定的御窑厂,专门生产宫廷用瓷,是"祭器皆用瓷"的必然趋势,当然,御窑厂不仅烧造祭祀用瓷,也烧造皇家用瓷和皇帝的玩物以及赏赐品。

景德镇御窑厂(1369—1911)的建立是中国陶瓷史上的重大事件,这种烧瓷体制除了在明景泰至天顺朝(15世纪五六十年代)有20年左右,明万历三十五年(1607)至清顺治十一年(1654)的47年间,因社会动荡有中断以外,其余时期盛烧不衰,有明、清两代近500年的历史。其间,督窑官在官窑生产中的作用举足轻重。

明、清两代官窑瓷的生产与产品的面貌虽然有很强的延续性,但是,它们的管理体制、用工体制和烧造体制都不同。

明代官窑的督窑官一般由中官担任,不住在景德镇,而是遥领窑务;清代督窑官由朝廷命官担任,分为上下两级。上级督窑官一般在淮安关或者九江关遥领窑务,并不直接参加御窑厂的管理;下级督窑官由工部派出,称协理员。他们原先一般在皇宫的内务府,也就是皇帝身边做事,职位不高,但是有一定身份,比较了解皇帝的喜好,是上级督窑官的得力助手。督窑官的首要任务是上传下达,一方面,有的烧造任务,由督窑官直接领命于皇帝,不经过工部;另一方面,他们接触窑工,组织生产。他们的尽责与否,直接关系到官窑瓷的质量。

从清雍正朝至晚清时期，景德镇的上级督窑官都由九江关或者淮安关的税官担任，遥领窑务。清雍正四年十二月至雍正十三年（1726—1735）的上级督窑官年希尧是当时淮安关税的管理官员，官职是工部侍郎。雍正十三年十一月，年希尧被革职，当时唐英在景德镇御窑厂佐理窑务，是御窑厂的下级督窑官。乾隆元年，唐英奉旨接任年希尧的职务，到今天江苏省淮安市淮安区的板闸管理淮关税务。乾隆二年，又奉命复办窑务，以淮安关使之职兼领窑务。乾隆四年正月，朝廷令唐英专司烧造瓷器事务，二月，又调唐英去江州（九江）钞关并监理陶政。乾隆十四年冬，唐英奉调粤海关，乾隆十六年十二月又复调九江钞关并监理窑务，此后未有变动。从以上唐英的几次调动中，可以看到，从某一方面说，朝廷将御窑厂督窑同税务管理视为同等重要之事，同时也表现出朝廷对唐英的信任。

用工制度方面，明代官窑一般是劳役制，清代官窑是雇用制——其剥削程度很厉害。

明、清两代的官窑恰逢盛世，它垄断了最好的烧瓷原料，拥有最优秀的窑工，并且有皇家画家提供纹样画稿，督窑官尽心竭力，更重要的是雍正、乾隆二帝都直接参与了官窑瓷的预定工作。在清宫的制瓷档案中，记载了许多二位皇帝从造型、品种、纹饰诸方面对官窑器的直接要求（康熙朝档案未见）。

官窑瓷占尽了制瓷的天时、地利、人和，终于在清代康熙、雍正、乾隆三朝，在制瓷工艺方面登上了中国古陶瓷史上的巅峰。

明、清两代的官窑瓷可以分为工部定瓷与钦定瓷两部分。明代正德朝以前的烧造体制是完全由御窑厂承担烧造任务，明嘉靖朝至清代，部定瓷仍旧由御窑厂烧造，钦定瓷则放到民窑中生产，并规定烧坏了要赔。钦定瓷为皇家内部所用，部定瓷主要用于赏赐，钦定瓷的质量要求比部定瓷高。这种赔偿制度的剥削是很残酷的。瓷器烧坏了，不仅窑工要赔，督窑官也要被扣薪水。清代乾隆八年，宫廷责令督窑官唐英，因乾隆元年和乾隆二年所烧瓷器釉水花纹远逊从前，又破损过多，赔补二千一百六十四两五钱三厘三丝五忽三微银子，而唐英在奏折中写道："……奉令赔补……先将前项银两陆续赍交养心殿造办处查收……"

明正德朝以前的官窑瓷出厂前需要经过两次拣选，一次是刚出窑时，另一次是运到御窑厂的中心所在地珠山以后再拣选一次，不合格的一律打碎，统一埋入地下，所以，现在考古队从地层中发掘出来的碎片，许多都可以拼成完整的器物。所谓不合格，一类指工艺上，例如器物造型变形走样，另一类则属于绘画上的疏忽。景德镇御窑厂成化地层中曾经出土一件青花龙纹盘

图 11-11 明成化官窑青花龙纹瓷盘。口径 17 厘米,景德镇珠山御窑厂出土,景德镇市陶瓷考古研究所收藏。采自《皇帝的瓷器》89 号。此盘因龙眼睛没有点眼眸而被打碎。

瓷片,粘接好以后,成为一件完整的造型规正的盘子,但是在盘中心被人为地戳了一个洞。发掘人员心中好不疑惑,为何将好端端的盘子打碎呢?仔细一看,原来其上所绘的龙纹不知何故未点眼眸(图 11-11)。真龙天子,有眼无珠还得了,于是,先戳洞,再摔破,这就是二次打破,以确保官窑瓷的质量。还有一件盘子,被摔坏的原因仅仅是龙的前左爪画成六爪(图 11-12),与

十一　天龙地黄铺宫瓷

当朝官窑瓷规定的五爪龙纹相悖——明代官窑正规龙纹的爪都是五爪龙，且五爪围成轮形，称轮形五爪龙。

明代嘉靖朝以后，御窑厂无力继续完全承担官窑瓷的烧造任务，将一部分产品放到民窑烧造，这就是所谓"官搭民烧"的烧造体制。这种官窑的烧造体制，在清代官窑延续。但清代官窑没有立下将次品打碎的规矩，反而允许它们上市买卖，故文献记载，景德镇瓷器市场上由此曾一度形成了"官民竞市"——官窑器和民窑器在市场上竞争——的局面。

登上中国古代制瓷工艺高峰的清代康熙官窑，在小酒杯上却误署了"大明康熙年制"款。清康熙朝的官窑瓷，至少是大量的日用酒杯，检验并不仔细，起码疏忽了对款的逐件过目。试想，如果这件酒杯当年在清廷宴会上被发现，从督窑官到窑工岂不都要被株连九族。也许，即使有谁用了这只酒杯，也不敢言语吧，它幸亏没有被放到康熙皇帝的餐桌上。

图二-12 明成化官窑青花龙纹瓷盘。口径23.9厘米，景德镇珠山御窑厂出土；景德镇陶瓷考古研究所藏。采自《皇帝的瓷器》105号。此盘因龙纹的五只龙爪绘成六爪而被打碎。

十二 吉祥如意自风流

南京博物院收藏着17组清代乾隆官窑粉彩瓷盆奁（图12-1）。所谓盆奁，是一盆一托的花盆组合，瓷器中的这种组合最早见于钧窑。

这组盆奁有长方倭角形、六方形、海棠形、梅花形、葵花形、菱花形、菊瓣形、腰圆形等八种造型，纹样繁缛堆砌，色彩华丽，画笔工细，具有极端程式化又富丽堂皇的乾隆官窑瓷特色。一眼望去，它们五颜六色，争相斗艳；再细看纹样，寓意吉祥，充满喜气。这组盆奁上有十余种吉祥纹样元素——宝相花、荷花、寿桃、佛手、石榴、蝙蝠、夔龙、夔凤、如意头、

图 12-1 粉红地粉彩福寿宝磬纹菊瓣式瓷盆奁。通高 10 厘米,南京博物院收藏。采自《中国清代官窑瓷器》第 254 页。

结、磬、万字等,好似在演奏一部无伴奏多声部大合唱,位于盆奁腹部的各单元纹样是不同的和声部,它们不厌其烦的组合变化,并与色彩相配,合成了吉祥如意的主旋律,演唱出一首华美的雅俗共赏的吉祥赞歌。中国古代工艺品纹样的最大特点是画必有意,意必吉祥。这林林总总的吉祥纹样,仅仅用谐音和寓意两种修辞手法就可以解读。

让我们来仔细耐心地欣赏它们。

双凤宝庆纹由一对夔凤、宝相花和磬组成。

古代工艺品纹样中,将尾巴作卷草形式的凤称为夔凤,同样的，尾巴作卷草形式的龙称为夔龙，也称作香草龙。

宝相是佛教徒对佛像的庄严称呼，宝相花以莲花为基本形象，综合了牡丹、菊花、莲花、石榴等吉祥花果的特征，有各种不同形式，取佛与菩萨宝相庄严的寓意，象征着圣洁、端庄和美丽。

磬是历代宫廷中演奏雅乐的打击乐器，也许是由于它发声悦耳且发音与"庆"相谐，乾隆皇帝特别钟爱它，是乾隆官窑粉彩瓷上常见的吉祥纹样。

双凤宝庆纹和双凤宝相纹（图12-2）上，一对夔凤，口衔花叶，花叶套着莲，裹着如意云，拥着宝相花，挽着万字结；宝蓝地金彩雍容华丽，紫红地粉彩华美富贵，白地粉彩雅致亮丽，怎样看都是——好看，吉祥。

不仅有夔凤宝相纹，还有夔龙宝相纹（图12-3），龙凤呈祥。

红色的蝙蝠示洪福，满盆的祥云齐天高，斗彩洪福齐天纹盆奁将吉祥装满观赏者的心房（图12-4）。

不仅在这组盆奁上，整个清代乾隆时期，工艺品上的纹样，真是说不尽的吉祥，道不尽的如意，其中最多的是三多纹，有各种各样的表现形式。

黄地粉彩三多连绵纹海棠式盆奁（图12-5），通高9.7厘米。花盆的口沿下，蝙蝠衔着寿桃，寿桃携着荷花，荷花抱着硕满

图 12-2-1 宝蓝地金彩夔凤宝庆纹。采自《中国清代官窑瓷器》第 258 页。

图 12-2-2 紫红地粉彩夔凤宝庆纹。采自《中国清代官窑瓷器》第 259 页。

图 12-2-3 粉彩夔凤宝相纹。采自《中国清代官窑瓷器》第 260 页。

图 12-3　粉彩夔龙宝桂纹瓷盆奁。通高 10.8 厘米。南京博物院收藏。采自《中国清代官窑瓷器》第 261 页。

十二　吉祥如意自风流

图12-4 斗彩洪福齐天纹瓷花盆。高9.3厘米,口12.5×19厘米,足8×11.8厘米,南京博物院收藏。采自《中国清代官窑瓷器》第203页。

图12.5 黄地粉彩三多法轮海棠式花盆连盆托，通高31厘米，南京博物院收藏。采自《中国清代官窑瓷器》第256页。

十二 吉祥如意自风流

图 12-6 湖绿地粉彩宝相三多纹六角瓷盆奁。通高 11.2 厘米,南京博物院收藏。采自《中国清代官窑瓷

的莲蓬,多福、多寿、多子的心愿,在明亮的黄地上绽放。

还有宝庆三多纹、宝相三多纹(图 12-6)、福寿宝庆三多纹(图 12-7)——纹饰分为两组,一组是蝙蝠、寿字和宝相花托佛手、寿桃、石榴,另一组是宝相花衔磬纹。

盆奁上表现的三多是多福、多寿、多子。古代与现在的情形不同,人老了,丧失了劳动力,要靠孩子抚养,而且婴孩的成活率低,在人和物质的生产力都很低下的古代,多子是很重

盆口径 17.5 厘米，口径 19.3 厘米，南京博物院收藏。采自《中国清代官窑瓷器》第 253 页。

十二 吉祥如意自风流

要的。

还有一种三多纹是多富、多寿、多子，典出《庄子·天地》中的"华封三祝"。尧有一天到华（今陕西省华县）这个地方去巡视，华地的官员——封人接待尧。封人对尧奉承地说："唯愿圣人多富、多寿、多男子。"尧听了连忙摇摇手道："岂敢，岂敢。多富就要多出许多麻烦事，多寿又要多碰到不如意的耻辱，多男子还要多为他们担心，还是免了吧。"华地的封人说："天生了人，必定要给他工作去做，给每个男子以工作，有什么可担心的呢？把富余的钱财分给大家，让全国人民都富足，有什么麻烦的呢？天下安乐，便与民同乐，天下不安，便洁身自好，到了年老，归天去了，还有什么耻辱呢？"因为他们这一席对话，后世便留下了"华封三祝"的美谈。清光绪粉彩华封三祝纹盘上的牡丹寓意多富贵，大大小小的葫芦是瓜瓞连绵纹，表示长寿，饱满的麦穗代表多子（图12-8）。

清代，特别是晚清时期，许多吉祥纹样真是十分牵强附会，这是清乾嘉时期，考据之风盛行的遗风。

我们再回过来看花盆。

这些费时、费工、费料的纹样似乎还不足以结束这部吉祥"大合唱"，将盆奁翻过来，可以看到底部有或金彩或红彩绘制的朵花纹（图12-9），而且足端也涂着金彩。盆奁平底，底部相

厘米。采自钱振宗主编：《清代瓷器鉴赏》图381。

对宽大平展，烧制时需要设十个左右的支撑点将花盆支住，支钉再小也有痕迹。古瓷中的名品——北宋汝官窑瓷与南宋官窑瓷的支钉点之小，历来为古瓷鉴赏者们所称誉。但是，崇尚宋瓷的乾隆皇帝在本朝的御用瓷中似乎不能容忍这种缺陷美，督窑官们心领神会，于是在盆奁底部的支钉痕和足端上描花涂金，使支烧痕变成了朵花纹，足端露出的胎子也被金彩遮盖——乾隆官窑的金彩是用真金制成的。这些朵花纹和金彩，好似吉祥赞歌

十二 吉祥如意自风流

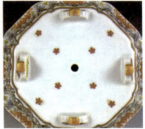

图12-9 粉彩万福宝相纹葵口瓷盆奁。通高10.6厘米。

的尾声，余音袅袅，使人感叹，难以忘怀。这是在追求完美还是奢侈，留于后人评说。

　　花盆，是用来养花的。瓷花盆由于不透气，不适于养花，多用作套盆使用。这组花盆纹样精美，内壁都罩着湖绿釉，其中有的花盆没有使用过的痕迹，也许是专门的陈设器。

　　这里，借这一组造型雅致、色彩华丽、纹样吉祥的乾隆官窑盆奁，祝朋友们在人生的道路上吉祥如意自风流。

十三

瓷母的三阳开泰

中国古代瓷器，从商代到清代乾隆朝，走过了三千多个春秋，它伴随着世世代代的中国人一路走来，此时进入绝佳状态。乾隆官窑的工匠们对瓷土有得心应手的驾驭能力，对烧瓷的火候把握恰到好处，所烧瓷器的瓷胎洁白坚致，造型规整，绘画繁缛，画笔细腻，精品层出不穷。北京故宫博物院收藏的乾隆官窑各色彩釉瓶，从上至下有16层纹饰，每一层纹饰代表一个品种，既有古朴的窑变钧釉、仿官釉和哥釉，它们最早出现于唐宋时期，也有乾隆官窑的特种工艺瓷——仿绿松石釉，还有乾隆官窑最有代表性的粉彩。大瓶的腹部绘着主体纹样，如果将它

们展开,就好像一通绘着十幅粉彩画的十面屏风,精美绝伦。这样的大瓶,人们给了她"瓷母"的美誉(图13-1-1)。

一般来说,瓷画有图案式和绘画式两种类型,大瓶腹部的十幅粉彩画,用宝蓝地描金的卷草纹作栏框,将不同类型的粉彩纹样两两相隔。我们可以比较清楚地欣赏到的三幅分别是:

牡丹怒放,凤凰婀娜——双王图。凤凰为百鸟之王,牡丹是花中之王,此为寓意手法的运用。

母子大象相对而嬉,画面用红珊瑚突出了大象背上的宝瓶——太平(瓶)有象图。这是歌颂太平盛世的赞颂语,寓意和

图13-1-1 清乾隆官窑粉彩各色彩釉瓷瓶。高86.1厘米,口径27.4厘米,足径33厘米,故宫博物院收藏。采自叶佩兰主编:《故宫博物院藏文物珍品全集·珐琅彩粉彩》162页。

谐音都有表现（图 13-1-3 右）。

红日高照，三只肥羊顾盼流连——三阳（羊）开泰图，谐音和寓意都有表现。（图 13-1-3 左）

三阳开泰是贺岁吉祥语。

中国传统文化认为，"有天地，然后万物生焉"，天地是创造万物的根源，世界万物都可以用阴阳二元来表示。阴表示女性、柔美、大地、海洋、夜晚、顺从、臣民、邪恶……阳代表男子、刚健、天空、高山、白昼、创造、君王、正义……在《易经》中，阴和阳分别用一对短横（— —）和一个长横（——）表示，这长短横线将中国人对宇宙的理解完完全全地表达出来。它们通过不同的组合形成了八卦——乾、坤、震、巽、坎、离、

恰如灯下故人

艮、兑（图13-2）。一方面，八卦与风电雷泽山川的自然现象相对，与东南西北八方相对，与立春到大寒的十二节气相对，也与人身体的各个部分相对（图13-3）；另一方面，八卦两两相组合，一上一下，形成了64卦，它既仰观天文，俯察地理，也探究人生。有这样一说，伏羲画八卦，是汉字文字的雏形，周文王演周易，我国"文化"由此肇始，"周易"是中国人在公元前11世纪形成的成熟宇宙观。《易经》包括本文和解说两部分。本文部分称作"经"，由一个长横、一对短横组成的象征符号64卦和所附解说的"卦辞"和"爻辞"构成。《易经·卦辞》的作者被认为是周文王，即所谓周文王被殷纣王囚禁期间，推演64卦，发奋著《易经·卦辞》。《易经·爻辞》的作者另一说是周文王的儿子周公。解说部分称为"传"，一共有"彖传"上、下，"象传"上、下等10篇，称为"十翼"，翼是辅助之意，其中的"象

乾 ☰
坤 ☷
震 ☳
巽 ☴
坎 ☵
离 ☲
艮 ☶
兑 ☱

卦名	自然	人	属性	动物	身体	方位	季节
乾 ☰	天	父	健	马	首	西北	秋冬间
坤 ☷	地	母	顺	牛	腹	西南	夏秋间
震 ☳	雷	长男	动	龙	足	东	春
巽 ☴	风、木	长女	入	鸡	股	东南	春夏间
坎 ☵	水、雨	中男	陷	豕	耳	北	冬
离 ☲	火、日	中女	附	雉	目	南	夏
艮 ☶	山	少男	止	狗	手	东北	冬春间
兑 ☱	泽	少女	悦	羊	口	西	秋

图13-3 八卦五行方位对应表。采自孙振声编著：《易经入门》第9页，文化艺术出版社，1988年。

传"解释上下卦象的象征意义。其作者，一说认为是孔子。例如《易经》开篇的乾、坤两卦，上乾下乾的乾卦，《易经·象传》的解释是"天行健，君子以自强不息"；上坤下坤的坤卦，《易经·象传》的解释是"地势坤，君子以厚德载物"。这64卦洋洋洒洒，说不尽中国人的智慧，道不完中国人的情怀。在64卦中，有12卦是消息卦——泰、大壮、夬、乾、姤、遯、否、观、剥、坤、复和临卦（图13-4），它们和三阳开泰有关。

12消息卦分别和12个月相对应，象征一年阴阳消长的消息。这里从与十月相对应的坤卦说起。64卦由八卦上下组合而成。

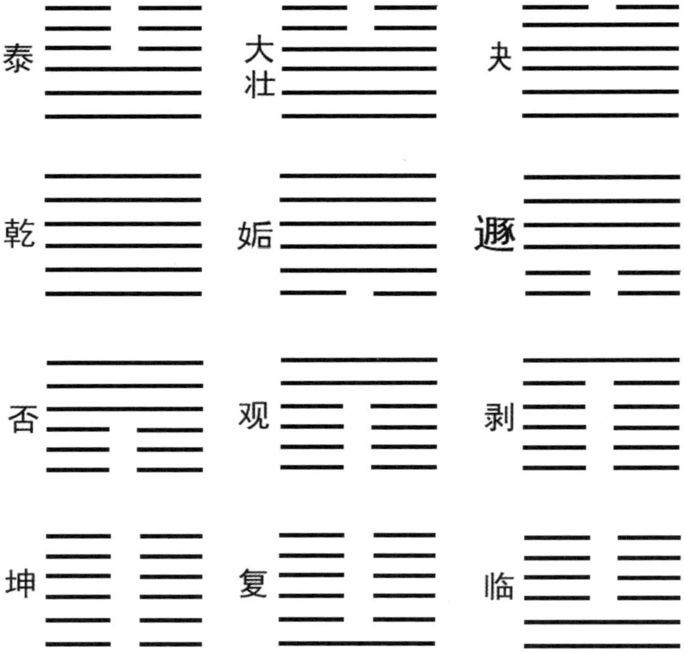

| 泰 ☷☰ | 大壮 ☷☳ | 夬 ☱☰ |

| 乾 ☰☰ | 姤 ☰☴ | 遯 ☰☶ |

| 否 ☰☷ | 观 ☴☷ | 剥 ☶☷ |

| 坤 ☷☷ | 复 ☷☳ | 临 ☷☱ |

坤卦是上坤下坤，卦的形象由 6 组短横构成，在消息卦中与农历十月相对应，此时万物萧瑟，是一年中"阴气"最盛的一个月。接着的农历十一月，由最下面开始，阳气复苏，五对短横在上，一道长横由下而起，这是由上坤卦下震卦组成的复卦。然后，经历阳长阴消的过程，农历十二月与上坤卦下兑卦的临卦相对应，兑卦的两阳在下。腊月一过是新年的正月，与农历正月相应，泰卦的形象是上坤下乾，三个表示阳元素的长横在下，这就是"三

图 13-4 消息卦

十三 瓷母的三阳开泰

阳（羊）开泰"贺岁语的由来，人们在新年里喜欢用"三阳开泰"来预祝在新的一年中万事亨通。

泰卦的形象是上坤下乾，"乾"本来表示天，应该在上位，在泰卦中却下降到下卦，"坤"原本代表地，现在却上升到上卦，好像不合时宜，但是，这表示天地相交，"地"将由上部下降，"天"将从下上升，在这个过程中，两者密切交合，显现出天地阴阳交合、安泰亨通的和谐气象，所以称之为泰卦。这是十分具有辩证意义的图像。乾隆官窑还有一件豆青釉大瓶，瓶的腹部由上下两个如意形结构相交合，取名为交泰瓶，也正是这个意思（图13-5）。

现在，我们继续说12消息卦。日月的步伐由农历十月上下全阴的坤卦，行进到上坤下乾的泰卦。在泰卦的正月，惊蛰的雷鸣轰醒了万物，天地间呈现出一派生机勃勃的景象。随着太阳、地球运行轨道的变化，天气越来越暖，阳气也愈来愈重，一直上升到六阳，此时阴气全无，这就是农历四月上乾下乾的乾卦。乾字从字形上看是光气舒展的形态，发音和"健"在一个韵，"乾"表示了天的功能，象征着创造。农历四月，是一年中阳气最重的时节，万物生长最快，青少年的生长发育也最快，所以，民间一直流传着这个月要尽量给孩子们加强营养，也就是平常所说的"吃好一点"。当然，这些在今天丰衣足食的城市社会中

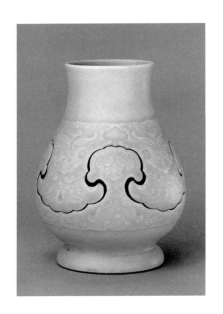

图 13-5 清乾隆官窑豆青釉堆花变体饕餮纹瓷交泰瓶 高 16 厘米，口径 6.9 厘米，足径 8 厘米，故宫博物院收藏。采自杨静荣主编：《故宫博物院藏文物珍品全集·颜色釉》138 号，上海科学技术出版社，1999 年。

也许并不成问题，但是在传统社会里，却显得很重要。

接着，两个短横表示的阴，又由下而生，这是农历五月的姤卦。在美好的五月，阴阳又开始另一种方向的交合，阴从一阴开始，到农历七月的三阴，是上乾下坤的否卦，泰极而否，否极泰来，互为因果。否卦从形象上看是上乾下坤，天在上，地在下，完美之象；但实际上是六月盛夏后，阴阳不相交，万物不生长的时期。农历七月一过，从八月开始，一双短阴随着岁月的延伸继续向上走去，到农历十月，又将开始周而复始的新一轮交替。

十三 瓷母的三阳开泰

图13-6 清乾隆官窑青花三阳开泰纹瓷扁瓶。故宫博物院收藏。

三阳开泰纹（图13-6、13-7）是清代工艺品上最常用的纹样,有的纹样上为九只羊,应"九阳启泰"的吉语。画面上,三羊或九羊自由自在,红日高照,苍松翠柏,祥云缭绕,孩童灵秀,一派生机。

世界万物都有这样的规律,如果事物走到绝佳的境地,最完美的境界时,没有了上升空间,也就是下坡路的开始,中国古代瓷器也不例外。清代康熙、雍正、乾隆时期,中国古代瓷器大戏进入最后的高潮,特别是乾隆官窑瓷器那千变万化的造型,使人觉得在它面前,创造线条的灵感已经穷尽;那繁缛的纹样

图13-7 清乾隆官窑珐琅彩三阳开泰纹瓷双联瓶。通高21.4厘米,口径9/5.2厘米,足径10/6厘米,故宫博物院收藏。采自叶佩兰主编:《故宫博物院藏文物珍品全集·珐琅彩粉彩》26号。

堆砌,似乎使人感到透不过气来;那华丽的色彩,让人觉得无法再寻找出更漂亮的色泽;那近乎牵强附会的吉祥内涵,已将人们所有的企盼道完。

在清乾隆八年十二月九日的《乾隆内务府记事》宫廷档案中,有这样的记载:"初九日太监胡世杰交御用青花白地膳碗一件,传旨着交唐英烧造。其碗大小厚薄深浅、款式俱照此。膳碗外面俱烧五彩各色地杖,花样各按时令吉祥花样。碗内仍照外面花样,俱要青花白地。年节用'三羊开泰',上元节用'五谷丰登',端阳节用'艾叶灵符',七夕用'鹊桥仙渡',万寿

（皇帝生日）用'万寿无疆'，中秋用'丹桂飘香'，九月九用'重阳菊花'之类，寻常赏花用'万花献瑞'（图13-8）。俱按时令花样烧造，五彩要各色地杖，每十件地杖要一色，按节每样先烧造十件。"

　　从清乾隆朝后期，也就是18世纪七八十年代开始，世界发生着巨大的变化，但是古老的中国似乎并不知道这一切。清乾隆官窑照样年复一年地在景德镇的珠山开窑，照样绘着各式各样的"三羊（阳）开泰"……

图13-8 清雍正珐琅彩万花献瑞纹瓷碗。高5.5厘米，口径10.1厘米，足径3.9厘米，故宫博物院收藏。采自叶佩兰主编：《故宫博物院藏文物珍品全集·珐琅彩粉彩》15号。

十四 最是难忘东巡时

乾隆皇帝六下江南，佳话流传至今。但他也曾经四次东巡，不仅乾隆皇帝，清代还有康熙、雍正和嘉庆皇帝，一共十次东巡，都鲜为人知。

皇帝出巡是中国古代社会一项重大的政治活动，《书·舜典》《礼记》中都有多处重点记载。清帝国祖先于白山黑水之间，起于黩武，清代皇帝东巡的意义非同一般。清帝东巡，巡视——以尽天子之职，祭祖——以示不忘根本，行围演武——以练骑射之功，是东巡的三件要事。乾隆皇帝在第一次东巡的上谕中，明确阐发了他东巡的意图："盛京乃我朝肇基之地，人心朴实，风俗淳厚,朕此次恭谒祖陵巡幸于此,见其兵丁汉仗俱好,行围演武均属熟练整齐。至其淳朴旧俗百年来未尝少失,朕甚嘉悦。国本攸关,最为紧要。"乾隆帝的第一、二次东巡,恰值32、43岁的壮年,他沿途跋山涉水,行围演武多达二三十次之多,有时甚至连续行围十余天,他把这看做榜样行为,希望满蒙八旗军队永葆骑马射猎的武功。这种思绪与豪情经常洋溢在他的诗句中。第一次东巡时,有《萨尔浒》(地名,位于现抚顺市东30里)一首:"太祖高皇帝破明数十万众,实王业之基也。铁背山头歼杜松,手挥黄钺振军锋。于今四海无征战,留得艰难缔造踪。"第二次东巡,于盛京(今沈阳)谒陵时又有:"吉林围接盛京围,天府秋高兽正肥。本是昔年驰猎处,山情水态记依稀。"此处的"昔年"指乾隆八年,他的第一次东巡。他不仅自己作诗咏志,还令臣下绘画记录之。郎世宁的《弘历哨鹿图轴》(图14-1)就是奉旨之作。作品真实地描绘了乾隆皇帝在首次东巡中,于皇家木兰围场哨鹿围猎的情景。

乾隆皇帝在乾隆四十二年九月(1777)关于第三次东巡的谕旨中说:"朕现在精力如前,尚堪远涉,拟于明岁秋间前诣盛京,恭谒祖陵,以申积悃……途次不行围。"乾隆皇帝以67、72岁高龄,第三、四次东巡时,演武的主要方式是阅射。他又有《阅射》一首:"大阅应同吉礼行,停之阅射拣其精。讵宜故国

图14-1 郎世宁《弘历哨鹿图轴》局部。绢本，设色，纵267.5厘米，横319厘米，故宫博物院收藏。采自《中国美术全集·绘画编10清代绘画（中）》156号。

忘弧失，况是朝家旧法程。命中挽强频有奖，耦升旅进各无争。却因臂病疏此事，不觉于心略愧生。"此诗与谕旨所言都表现出年近古稀的乾隆皇帝壮心不已，但力不从心的窘况。

乾隆帝行围图瓷转旋瓶（图14-2）是一件与东巡行围有关，并充满怀旧之情的乾隆官窑纪念性作品。行围图瓷画背景中的山峦、古松、红叶树取材于皇家木兰围场的崇山峻岭，与郎世宁所绘的《弘历哨鹿图轴》有异曲同工之妙。

乾隆皇帝分别于乾隆八年（1743）、十九年（1754）、四十三年（1778）和四十八年（1783）四次东巡，每次历时少则

图 14-2　乾隆帝行围图瓷转旋瓶。高 60.5 厘米，口径 20 厘米，南京博物院收藏。采自徐湖平主编：《中国清代官窑瓷器》第 319 页。

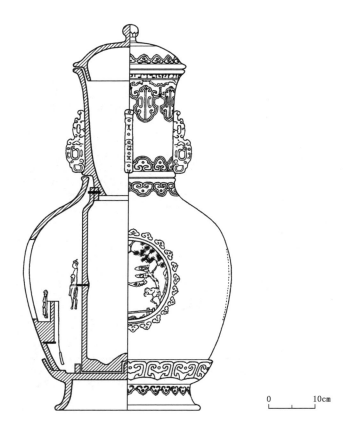

图14-3 乾隆帝行围图瓷转旋瓶整体图、分解图

两个月,最长的达四个半月,沈阳盛京故宫是其主要驻跸之地,每次东巡都要运送大量器物到此。这件转旋瓶原来收藏在盛京故宫,1914年归于北平古物陈列所,1933年,南京博物院的前身民国国立中央博物院筹备处成立时,随北平古物陈列所之物划归于斯。

　　清代乾隆时期,景德镇珠山御窑厂为满足乾隆皇帝的喜好,不惜工本地追求各种新奇制品,督窑官无不尽心竭力地操办,

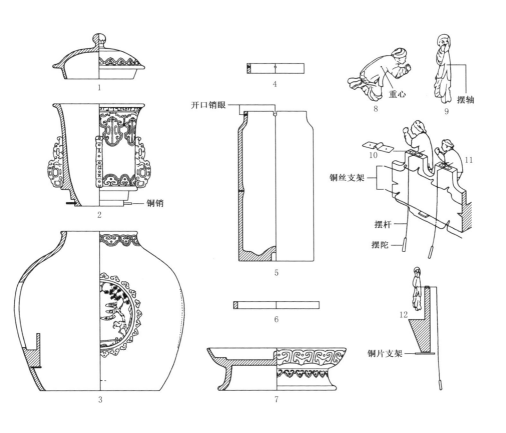

从而使官窑烧造出许多精美无比的新品。仿青金石釉粉彩乾隆皇帝行围图转旋瓶是瓷品峰峦上的一株奇葩。

乾隆帝行围图转旋瓶高 60.5 厘米，口径 20 厘米。由盖、颈、外瓶、内胆、夹层、底盘六部分装配而成（图 14-3）。瓶的装饰分为外观装饰与主题纹饰两个部分。外观装饰通体以亮丽的仿青金石釉为底色，华美庄重，再配用金彩，更显华丽富贵；器身纹样，如意云头与莲瓣纹内都施有仿青铜釉，铜色黯然，与金彩相映,韵致高古典雅;盖纽饰仿珊瑚红釉,碧蓝丛中一点红,画龙点睛,使转旋瓶愈加光彩照人。主题纹饰为"乾隆帝行围图"(图14-4),它是立体的,由粉彩漏窗式景障(图14-4-Ⅰ)、动态牙雕人物近景(图14-4-Ⅱ)、乾隆行围牙雕人物(图中阴影部分)和粉彩秋郊山野背景景观(图中阴影以外部分)四部分组成,形象地再现了皇家行围的盛大场面。这幅线描图是南京博物院已故副研究员黎忠义先生花了足足12个工作日绘制而成的。

转旋瓶(图14-3)分盖、瓶颈、外瓶、内胆、夹层和底盘六个部分。

盖。盖纽为仿珊瑚红釉宝珠纽,立在瓶颈外壁罩仿青金石釉金彩瓶身的顶部,显得分外突出;盖面饰仿青金石釉金彩如意云头,一仰一俯交泰呼应,寓时运亨通之意。

瓶颈。直筒形状的瓶颈部位,饰对称排列的四只描金夔龙竖扁耳,瓶颈唇部起阳线描金彩,此法借鉴家具雕花工艺。

外瓶。外瓶亦罩仿青金石釉。外瓶中间借鉴园林开窗手法,四面对称有直径18厘米的圆形粉彩开光漏窗式景障,镂塑青松、彩云、山崖、玲珑石、山涧、板桥等,是乾隆帝行围图的前景(图14-4-Ⅰ),观者可以透过漏窗观赏内瓶上的纹样。漏窗口沿起阳线描金彩,周围装饰20枚如意云,使开光部位更加醒目,并保持了漏窗与瓶体一致的装饰风格。

内胆。内胆的底心内凹，颈部有四个开口销眼。内胆腹部表面挑出小羊眼，其上悬挂牙雕人物（高约 10 厘米）和猎犬（高约 1.5 厘米），构成乾隆帝行围图的中景（图 14-4- Ⅲ），从剖面图上可以清楚地看到悬挂在羊眼上的牙雕人物：第一组（图 14-4- Ⅲ -1），单骑，骑者笑容可掬，着青衣，跨马刀，擎大红地青色火焰边黄"令"字行围令旗；第二组为乾隆皇帝本人（图 14-4- Ⅲ -2），着行冠、行袍，外套行褂，衣领镶着黑毛皮。坐骑饰黄辔头红流苏，配金线绣龙纹鞍鞴，精神抖擞。乾隆皇帝左手执疆，右手策马，气宇轩昂，后随猎犬与旗手（图 14-4- Ⅲ -3、4）。殿后的二骑，着黄衣，擎二面黄地青龙纹红色火焰边皇帝行围旗。上述马缰、旗帜等皆用丝、绢等自然质地的材料制成。

内胆表面绘粉彩瓷画（图 14-4- Ⅳ），是乾隆帝行围图的背景。画面层峦叠嶂，风光清幽，意境深邃，极富自然情趣。山石间露出随风招展的旌旗，山前大路上驰来数骑黄衣使者，或擎行围令旗，或策马随侍，路右侧一共绘有三组沿途恭迎的官员，他们有的打扦，有的跪拜，还有的手捧万年青进奉。中景和背景各部分的位置固定对应。其组合方法是，高温烧成内胆后，在其表面绘粉彩画，再低温焙烧，然后于相应位置铆入小羊眼，在内胆内壁可以看见固定小羊眼的疤痕，最后将事先制成的牙雕人物和猎犬悬挂在小羊眼上。

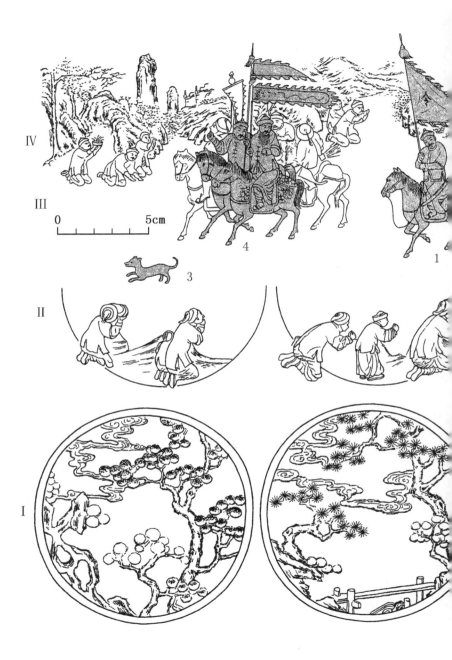

十四 最是难忘东巡时

图14-4 乾隆帝行围图线描图

恰如灯下故人

清代典籍《皇朝礼器图式》中，对皇帝大驾的仪仗，皇帝以及侍从出行的衣帽、坐骑、佩刀皆有明确规定：行袍主仆有别，皇帝的行褂，"色用石青，长与坐齐，袖长及肘"，侍臣、侍卫身着明黄色上衣。这种装束十分便于骑射，是俗称"马褂"的正宗形式，"马褂"一词即由此而来。乾隆行围图中的服饰、坐骑、佩刀和仪仗都是仿真制作，符合礼规。

内胆与外瓶之间，于四片漏窗的下方，有一周厚 1.5 厘米的夹层（图 14-3），在此处安装恭迎乾隆皇帝的牙雕人物。夹层为四片外侧有立墙的小平台，其一侧紧贴外瓶的内壁，下部用铜丝固定。小平台上，依漏窗位置布置四组牙雕人物（图 14-4-Ⅱ）。人物安装在摆轴上（图 14-3），摆杆呈⊓形，沿台座下折 8 厘米左右，最下端装有摆陀。摆轴用骑马扣固定在平台外侧的立墙上（图 14-3），立墙蒙以丝绢，做成山石状。由于每个牙雕人物安插摆轴的重心不同，故晃动起来，人物的仰俯姿态各异，只要用手指轻拨一下牙雕人物，它们就会在摆陀的惯性驱使下，连续不停地动作，幽默地表现出侍臣恭迎君王的崇敬虔诚之态。其晃动的幅度由小摆陀控制，小摆陀又由支撑夹层的两层铜丝约束，结构十分巧妙。牙雕人物一共有 12 个，高 4—6 厘米不等，有叩头、作揖、捧呈灵芝、万年青等形象。人物正背两面均以写实手法描绘，眉须、鬓角、眼神皆入神入微，衣褶线条刻画逼

图14-5 乾隆帝行围图瓷转旋瓶底款

真。结合文献记载可知,这是乾隆八年年方32岁的乾隆皇帝第一次东巡时,"盛京文武官员咸朝服跪迎"30里,在烟台堡布喀河木桥接銮驾的真实艺术化写照。

乾隆帝行围图景观中的人物、景致都按照透视比例安排。观者透过外瓶的漏窗望去,可见近处的臣民匍匐着,乾隆皇帝策马而来,导引、侍卫相拥,远处层峦叠嶂,隐约可见。由于前景、中景、背景之间有一定的空间,尺幅千里,更增添了画面深邃旷阔的意境。转动瓶颈,画面随之变幻递进,乾隆行围图就展现在面前,美妙新奇之感油然而生,非一般瓷画所及。

底盘(图14-3)。底盘是一只莲花盘,盘壁起阳线描金二十枚莲瓣。圈足描金彩如意云,端庄典雅。底部有青花"大清乾隆年制"印章款(图14-5)。乾隆帝行围图转旋瓶不仅工艺、装饰独到,结构亦十分巧妙。先分盖、颈、内胆、夹层、底盘六部分分烧,再由内及外,由上而下依次安装组合,最后将套好的内、外瓶身坐于底盘上,填充缝隙,并饰金彩,再经一定温度

图14-6 清乾隆外天蓝地青花蟠螭龙纹内粉彩人物纹瓷转旋瓶。高73厘米,口径31厘米,足径28厘米,故宫博物院收藏。采自叶佩兰主编:《故宫博物院藏文物珍品全集·珐琅彩粉彩》162号。

焙烧以固定内胆。为了防止内胆在转动时摇晃或者移位，在内瓶的颈部与外瓶之间装有垫圈，内瓶的底部与外瓶的瓶底之间装有约束圈（图14-3），使内瓶与外瓶各部位完全契合一致，只要转动外瓶颈部，便可以通过其下沿插入内瓶口沿开口销眼中的铜销带动内胆旋转。

乾隆帝行围图转旋瓶的造型和工艺，借鉴了珐琅、牙雕、书画、青铜、玉石以至于园林和小木作制作中的工艺手法，富有时空变幻的艺术观赏效果。晚年的乾隆皇帝十分怀旧，曾作有多首怀旧诗。乾隆帝行围图转旋瓶制作得如此精巧，仿景如此逼真，作陈设赏玩，追忆往事，以聊慰怀旧之情，是耄耋老人情理之中的事情。

转旋瓶只有清代乾隆官窑能够烧制，它的结构非常巧妙，可以分为转心瓶、转颈瓶、转心（颈）瓶和外转瓶四种。它们的共同之处是，都为内外两层结构，瓶的某一部分可以旋转，但它们在结构上有差异：转颈瓶在旋转时，颈部转动，腹部不转，着重表现器物外壁颈部和腹部纹饰的组合变化，而转心瓶在旋转时，颈部固定不动，内瓶旋转。北京故宫博物院收藏有外天蓝地青花蟠螭龙纹内粉彩人物纹转心瓶（图14-6），瓶的腹部分外瓶、夹层和内胆三层。腹部和颈部是隔开的，于颈部盛满水，瓷板盖住泄水孔时，水流不下去，错开位置时，水则顺着铜管流在叶轮的扇片上，由于水流重力，叶轮带动花瓣形转盘转动，固定于转盘上的铜丝支架就随之作定位旋转。转盘为八出，每出上都固定有铜丝支架，支架的另一端伸于内外瓶之间的空间，支架头上固定着供观赏的动物或人物。中轴的一头固定在内胆顶部，另一头固定在十字枨铜片上，铜片又固定于外套瓶上。由铜管流下的水落在叶轮的扇片上，随后流入底盘，顺底盘的中孔漏进瓶下所置的接水盘（盆）中（图14-7）。铜丝支架旋转时，观者通过外套瓶腹部的镂空开光，观赏到不断变化的动物或人物，再配以内心瓶上朦胧的彩绘背景，外套瓶上明丽精美的画面前景，三者相得益彰。

　　转心（颈）瓶是转心瓶与转颈瓶的结合体，这种瓶的腹部是内外两层，转动瓶颈时带动腹部的内瓶旋转，本文介绍的乾隆帝行围图转旋瓶就是这样一件杰作。北京故宫博物院收藏的黄地珐琅彩开光象耳转心（颈）瓶也别具特色（图14-8）。它由颈根部分为两部分，每部分的纹饰平均分为十二格，分别书甲、乙、丙、丁、戊、己、庚、辛、壬、癸十天干，空下的二格内分别补"万年"和"甲子"四字；下部分写着子、丑、寅、卯、辰、巳、午、未、申、酉、戌、亥十二地支。转动颈部，天干与地支的对应不断组合变化，旋转一周对出六十甲子；在颈部转动的同时，内胆亦旋转，可从镂空处望见其中不断变化

图14-7 清乾隆外天蓝地青花蟠螭龙纹内粉彩人物纹瓷转旋瓶剖面结构图，出处同上图。

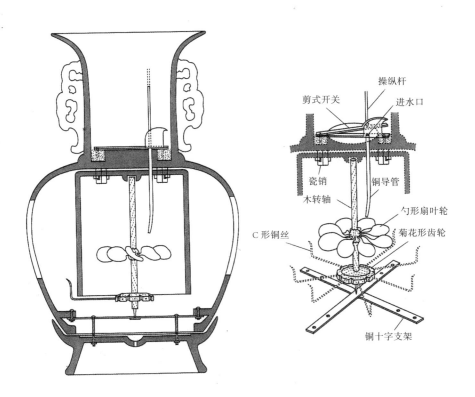

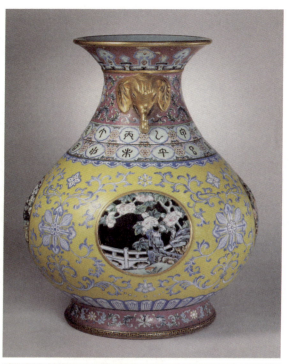

图14-8 清乾隆黄地珐琅彩开光花卉婴戏纹瓷象耳转旋瓶。高40.2厘米,口径19.2厘米,足径21.1厘米,故宫博物院收藏。采自叶佩兰主编:《故宫博物院藏文物珍品全集·珐琅彩粉彩》15号。

的纹饰。

转旋瓶的制作，将华夏古文化融入乾隆官窑精湛的工艺中，皇家的奢华由制作者的才艺而展现；将实用性与玩赏性融为一体，独步瓷海。

还有一种结构特殊的转旋瓶，它的转动部位是外套瓶，用手转动乾隆祭蓝釉描金云蝠齐天纹转旋瓶（图14-9）的葫芦形瓶身，祭蓝釉描金的云福（"蝙蝠"的"蝠"谐其音）齐天纹在人们面前徐徐升华，似乎真的要冲上蓝天。

乾隆官窑转旋器的造型，除了瓶和烛台，还有笔筒、高足碗和冠架等器型（图14-10、11），它们的装饰都精美至极，在中国古代瓷器的结构工艺方面，转旋瓶是一个无法企及的高峰。

《清档》中有一些关于转旋瓶的记载，清乾隆九年是六十花甲的首年——甲子年，乾隆八年十二月初一日，唐英奏折中有呈进万年甲子笔筒的记载："奴才于是月内在窑场办理瓷务，因是时工匠尚皆齐集，复敬谨造得万年甲子笔筒一对，循环如意、蝠蝾连绵。工匠人等以开春正当万年甲子之始，悉皆欢腾踊跃，更逢天气晴和，坯胎、窑火、设色、书画各皆顺遂，不日告成……"这里所说的万年甲子笔筒就是粉彩如意连绵纹旋转笔筒，"循环如意、蝠蝾连绵"是指笔筒上的纹样，如意用如意形祥云表现，天干和地支写在葫芦形开光中。葫芦纹又称瓜瓞连绵

图 14-9　清乾隆祭蓝釉描金云蝠齐天纹瓷转旋瓶。高 23.3 厘米,口径 6.3 厘米,足径 10.5 厘米,台北「故宫博物院」收藏。采自台北故宫博物院:《清康・雍・乾名瓷特展》图录,1986 年。

十四　最是难忘东巡时

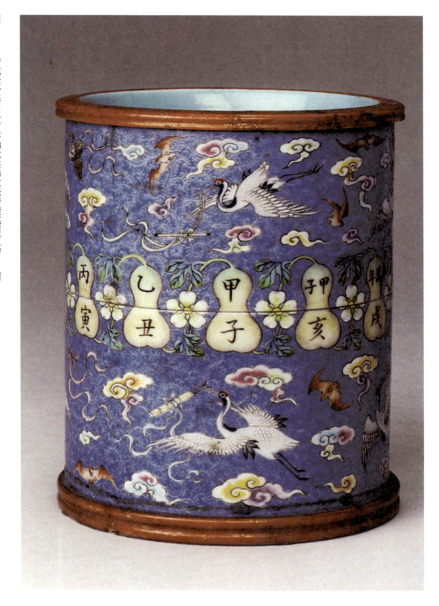

图14-10 清乾隆粉彩甲子万年如意连绵纹瓷转旋笔筒。高12.8厘米,口径10.7厘米,足径10.7厘米,故宫博物院收藏。采自叶佩兰主编:《故宫博物院藏文物珍品全集·珐琅彩粉彩》144号。

图14-11 清乾隆粉彩花卉纹瓷转旋冠架,故宫博物院收藏。采自李毅华编:《故宫珍藏康雍乾瓷器图录》111号,两木出版社、紫禁城出版社,1989年。

十四 最是难忘东巡时

纹，瓞是小瓜之意，大小葫芦缠蔓绕藤，寓意连绵不断。唐英的奏折，描述了烧造万年甲子笔筒时的祥瑞之象，表达了一位督窑官的尽职尽责之心。时值乾隆早期，这无疑是个好兆头。

清宫制瓷档案中，虽然乾隆八年有《陶冶图编次》的20项制瓷工艺记载，但是，对于这样精美巧妙的工艺品，官窑瓷的档案记载给予它制作工艺的笔墨不是太少而是没有。与之相对照的是制瓷档案中，对如下情况的记载比较详细：皇帝如何亲点样品、纹饰，要求照样烧造；督窑官怎样亲自恭拟坯胎数种并画定颜色、花样，赶赴景德镇，组织窑工星夜绘制，造得呈进；还有皇帝对督窑官"观音烧造不成是因不至诚之故"的责问，因嫌质量不够标准，"此次呈进瓷器之钱粮不准报销"的惩罚纪录。与这种情况相对应的是，于1699年来华的法国耶稣会士殷弘绪（François-Xavier Dentrecolles，1664—1741）于1712年和1722年两次从景德镇写了万言书信回国，细致地介绍了景德镇的制瓷工艺。1712年的那封信于1716年发表于巴黎的《专家》杂志上。当时，德国迈森瓷场刚于1713年生产出瓷器，而他们的制瓷工艺是绝密的；法国则还处于瓷器制造的实验阶段，信中所描述的景德镇制瓷工艺给了法国的瓷器实验者们极大的启发。殷弘绪是将制瓷的关键之一——原料高岭土——介绍到西方的第一人。1771年，在法国里摩日（Limoges）附近发现高岭土矿后，法国开始生产硬质瓷。1986 年 10 月，江西省陶瓷公司派员出访法国瓷城里摩日时，法国库达美窑炉公司总经理约·库达特地将法文版《里摩日瓷器史》赠送给代表团，书中有殷弘绪描述景德镇制瓷技术的信件摘要。约·库达总经理说："二百七十年前，昂特雷科莱（François-Xavier Dentrecolles，殷弘绪）把耶稣教传到景德镇，同时，又把景德镇的制瓷技艺带回到法国，他既是宗教的传播者，又是瓷器的传播者。"

　　清代康熙到乾隆时期，西方人对中国科技资料的窃取，是以宗教为外衣的。《中国科学技术史》的作者李约瑟博士曾经提出著名的李约瑟难题：尽管中国古代对人类科技发展做出了很多重要贡献，但为什么科学和工业革命没有在近代的中国发生？这个问题曾经引起热烈的讨论。虽然没有结论，我们在这里也无意探讨，但是，从如此高超的工艺结构和工艺技巧，清宫档案中却没有记载，而制瓷工艺由传教士泄密这件事，可以看出一点，帝王们只是对玩物的本身感兴趣，对制作过程不关心。

　　虽然少于文字记录，也不知道制瓷人的姓名，但是，绝世的作品终会流传。

　　最是难忘东巡时。乾隆帝行围图转旋瓶的杰出工艺为陶人树起了智慧与才华的丰碑。

十五 也可以清心

日本龙光院收藏着一件我国北宋建窑曜变釉茶盏（图 15-1）。它的胎子是黑色的，比一般的盏厚，内壁和外壁大半部分罩着厚厚的黑釉，内壁的黑釉中，有一簇簇油滴状的结晶，在结晶团的外周有一圈晕，像这样有一周晕的釉，被称为曜变釉。茶盏就像倒扣的穹隆，黑釉好似夏天的夜空，结晶犹如漫天的星斗闪烁着，给人以无限遐想，难怪这件茶盏被奉为日本的国宝级文物。历史上，茶道的传播，往往与佛教的传播裹挟在一起。北宋时期，日本僧人到我国浙江天目山学佛。为习佛念经，茶是必备的饮料。回国时，日本僧人传佛学于东瀛，也带回了北宋的黑

图 15-1 北宋建窑曜变釉瓷盏，高 6.4 厘米，口径 12.2 厘米，足径 3.4 厘米，日本龙光院美术馆收藏。采自〔日〕东武美术馆等：《宋瓷》第 113 页，1999 年。

釉茶盏，由此，日本习俗称黑釉茶盏为天目盏，实际上，北宋最好的茶盏是福建省建窑生产的建（窑）盏。

建窑位于今福建省建阳市水吉镇（图 15-2），现在的建窑，一派山清水秀。建窑盏的黑釉是结晶釉，釉内含有足够的结晶体物质，在高温下处于熔融的饱和状态，缓慢冷却时则会产生析晶现象。烧制瓷盏时，窑炉中的温度要反复地升降，其次数、速度快慢的不同，都会导致在釉中产生不同形状的结晶，细线条状的称兔毫釉（图 15-3），油滴状的称油滴釉（图 15-4），而最奇妙者是结晶斑外周有晕的曜变釉，那一周晕环发着幽蓝的金

图 15-2　宋建窑遗址。霍华摄于 2005 年 5 月。

图 15-3　宋建窑兔毫釉瓷盏，高 6.9 厘米，口径 12.6 厘米，足径 3.7 厘米，日本京都国立博物馆收藏。采自[日]东武美术馆等：《宋磁》第 116 页，1999 年。

图15-4-1 宋建窑曜变釉瓷盏,高7.5厘米,口径12.2厘米,足径4.2厘米,日本大阪市立东洋陶瓷美术馆收藏。采自[日]东武美术馆等:《宋磁》第112页,1999年。

图15-4-2 宋建窑曜变釉瓷盏,高8.1厘米,口径19.7厘米,足径4.8厘米,日本静嘉堂文库美术馆收藏。采自[日]东武美术馆等:《宋磁》第115页,1999年。

十五 也可以清心

属光泽，熠熠闪烁。

建窑现存最完美的这几件结晶釉盏都保存在日本。北宋建窑兔毫釉盏（图15-3）的黑釉上布满金色的"兔毫"。北宋建窑曜变釉盏是日本的国宝级文物（图15-4-2），茶盏的黑釉里簇拥着青色泛蓝、闪着银光的结晶，这团团精灵仿佛要将茶盏撑破，飞回故乡。当代日本的茶客们，怀着极大的好奇心——这样奇妙的物件是何地何人的杰作——朝圣般的到建阳市水吉镇追寻建盏的根，他们虽然不可能看到北宋人巧夺天工的过程，但是看看茶盏出于怎样的山水之间，也感到心满意足。

何为茶？"茶"是草木之间立个人，而在之初更妙，"茶"为"荼"——山野为家，粟为粮，人立在草禾间。

唐人颜师古为《汉书·地理志》作注的时候，将"荼"字的读音转为"茶"字的读音，但是并没有换字，仍然写为荼（图15-5）。这件唐代青釉茶盏的底心，写着"荼碗"二字，这时的唐代人确实是将"如火如荼"念成"如火如茶"的。一直到唐玄宗李隆基开元元年（713—714）编辑《开元文字音义》时，才将"荼"字的字形改作"茶"字。

茶是一种常绿灌木，属于山茶科植物，世界上约有23属近400种茶树，而在中国土地上生长的茶树就有15属260多种。中国人最早发现用它的嫩芽可做羹饮，那时是将茶作为药来使用

图 15-5 唐代「茶」字铭茶盏。长沙窑窑址出土。采自廖宝秀:《中日茶道器用文化之比较》,见廖宝秀:《茶韵茗事——故宫茶话》第 54 页图 4,台北「故宫博物院」,2010 年。

的,而且是将叶和杆子一起咀嚼。

　　茶树性喜高温多湿且排水良好的山区,中国南方恰有如此良好的条件。中国人饮茶风尚千年始终不衰,丰富了人们的精神生活,也促进了陶瓷器、金银器等手工业的发展。通常,水质良好之地生产茶叶,也同时出产作为茶具的陶瓷器。离建窑仅仅几十里之隔的武夷山,至少在唐代就盛产曾经是皇家供茶的岩茶,"大红袍"是其中的名品。

　　时代不同,饮茶的方式不同,茶具也随之变化。

　　我国悠久的制茶饮茶历史可以上溯至公元前 6 世纪的春秋时期,甚至更早,在《诗经》中就有咏茶的诗句:"周原膴膴,堇荼如饴","谁谓荼苦,如甘如荠"。这里的"荼",就是"茶"。诗中赞美道,周原这个地方物产丰富,作为药物的茶,滋味甘甜;谁说茶苦呢?它的滋味甘甜清香。汉代,在我国的川蜀、中原、江南一带,饮茶已经成为习俗。唐代,随着佛教的盛行,在晨钟暮鼓声中，在参禅的文人们中，饮茶之风盛行。当时的著名诗人卢仝在《走笔谢孟谏议寄新茶》诗中写道："一碗喉吻润；二碗破孤闷；三碗搜枯肠，唯有文字五千卷；四碗发轻汗，平生不平事，尽向毛孔散；五碗肌骨清；六碗通灵仙；七碗吃不得也，唯觉两腋习习清风生。"这里极力赞扬饮茶的妙处，因此而有了七碗茶的典故，以后历代文人墨客绘之咏之，留下了许多以此为题材的诗文翰墨（图15-6），在瓷画中也有这样的题材。

南京博物院收藏有一件浅绛彩品茗图花盆（图15-7）。浅绛彩是清咸丰时期出现的彩瓷品种。画面取山林间空地作景，山石为桌，其上置放着紫砂茶壶，一位文人手捋胡须，一副自娱之态。炉火正红，两童子欲上茶。唐代主要饮团茶，这是将茶叶做成茶饼，饮时碾碎，煮来喝的茶。在花盆的另一面题诗云："七碗曾闻添逸趣，一瓯也可助豪情。"跋"仿瘿瓢子先生笔意。辛巳（光绪七年，1881）仲秋月写于菖浦珠山厂之文湖草堂。周友松"。

宋代，斗茶之风盛行，王公贵族、平民百姓都以饮茶斗茶为乐，斗茶时以茶盏中沫饽浮起多者为胜，可谓雅俗共赏，贫富咸宜，以此为乐。黑釉盏因易于观察斗茶时盏中泛起的沫饽而广受欢迎，全国一半以上的窑场都烧制黑釉茶盏。建窑茶盏胎厚，易于保温，釉色黝黑铮亮，非常漂亮，即使不做茶具，亦可以把玩在手。遥想当年，用这样的茶盏奉茶，是多么富有情趣。

图 15-6 传〔宋〕钱选《卢仝烹茶图》局部。纸本,全图纵 128.7 厘米,横 37.3 厘米,台北「故宫博物院」藏。采自台北「故宫博物院」编著:《故宫藏画精选》第 101 页,1981 年。

图 15-7　浅绛彩品茗图瓷花盆。高 28 厘米，口径 37.5 厘米，足径 19 厘米，南京博物院收藏。采自徐湖平主编：《中国清代官窑瓷器》第 478 页。

明代以来，品茗饮茶更被人们列为待客交友以及日常生活的开门七件事—柴、米、油、盐、酱、醋、茶——之一。明代初期，明太祖朱元璋提倡节俭，散茶逐渐盛行。适于泡茶的紫砂茶壶应时而生。清代，由于文人们的参与，更赋予紫砂茶壶以艺术的内涵。用它饮茶，不仅适应人们解渴提神的需要，也是一种生活情趣，是在饮茶中创造着一种美好的人生意境。

饮茶，不在于人的多寡，而在于环境和气氛，古人有独饮为神饮，对饮为胜饮，三四人为趣饮，五六人曰泛饮，七八人则为施饮之说。当然，茶具的选用也是十分重要的。合适的茶具，可以助兴，提高饮茶的品位。

清代，出现了一种新茶具——盖碗，这是一种比较有品位的茶具。盖碗讲究漂亮，可以一边饮茶，一边欣赏上面的图案（图15-8）。

紫砂茶壶为历代茶壶中品质最优良者。紫砂壶的制作原料统称为紫砂泥，它的微观结构是一种多种矿物共生的黏土团粒，其气孔分布呈双重气孔结构特征，透气性颇佳。所谓双重气孔结构是指紫砂泥的各个团粒之间有闭口和开口两种气孔。团粒之间如果排列紧密，没有留下空隙，是闭口气孔，反之，则为开口气孔。自然界的紫砂泥，有紫泥、本山绿泥、段泥和红泥四种自然形态，段泥已于清代中期用完。它们又因产地的不同，而在质量和色泽上有区别，烧成后的呈色也有所不同，所以自古紫砂

图 15-8 清康熙珐琅彩花卉纹紫砂盖碗。通高 9.1 厘米,口径 5.3 厘米,台北『故宫博物院』收藏。采自《中国陶瓷全集 15·清下》229 号。

泥又有"五色土"的美誉。紫泥制作的紫砂壶烧成后呈深浅不一的紫褐色,宜兴紫砂壶中,这种紫泥壶最多;本山绿泥制作的紫砂壶烧成后为淡土黄色,这种砂泥较少用来单独做紫砂壶,多与别的泥料掺和在一起使用;红泥制作的紫砂壶又称朱泥壶,烧成后的色泽呈朱红色,闽南人尤其喜爱这种泥料制成的紫砂壶。民国以来,又有其他色泽的紫砂壶,那是在其中添加了色素的缘故，适于陈设，用于茶具不可取。

　　明清以降，以制作工艺的不同，最常见的茶叶有发酵茶（各种红茶、普洱茶）、半发酵茶（乌龙茶、铁观音茶）、微发酵茶（白茶、黄茶）和不发酵茶（各种绿茶，如龙井、碧螺春）四大类。不同的茶叶所用的紫砂壶也不同。泡乌龙、铁观音的紫砂壶，一般来说腹部相对较高，广东潮州地区泡功夫茶用的紫砂壶中，这一类造型紫砂壶所占的比例相对比较大（图15-9）。其产地为宜兴和潮州。宜兴地区喜饮红茶，泡红茶的紫砂壶，容量当在250~300毫升（图15-10）。绿茶"嫩"，要求散热快，扁腹紫砂壶适于沏泡（图15-11）。泡红茶和绿茶的紫砂壶一般都产于宜兴地区。

　　由于紫砂泥的双重气孔结构，砂壶不仅透气，而且具有吸收气味的特点，由此，饮茶最好一种茶用一把壶，这样不会串味，才能品出普洱、乌龙茶的浓郁，铁观音的清香，龙井、雀舌、猴魁茶的清新，当然，近年来，还有一类花茶——茉莉、玫瑰、菊花茶——的不同甜美，而情趣盎然。

　　发酵茶（各种红茶、普洱茶）和半发酵茶（乌龙茶、铁观音茶等）注重于饮，适于用砂壶沏泡，微发酵茶、不发酵茶（各种绿茶、白茶、黄茶）和茉莉、玫瑰、菊花等各种花茶，不仅在于饮，而观茶色，看茶叶和花朵泡开后的自然形态，也是品茶的

图15-9 清紫砂文旦壶。高8.6厘米，口径5.6厘米，足径6.4厘米，台湾成阳艺术文化基金会收藏。采自南京博物院、台湾成阳艺术文化基金会：《砂壶汇赏》第206页，2004年。

图15-10 清道光紫砂秦权壶。高11.8厘米，口径9.3厘米，足径11.9厘米，南京博物院收藏。采自南京博物院、台湾成阳艺术文化基金会：《砂壶汇赏》第138页，2004年。

图15-11 清嘉庆紫砂乳鼎壶。高3.7厘米，口径4.4厘米，足径6.4厘米，1986年1月江苏省淮安市淮安区河下镇王光熙墓出土，江苏省淮安市淮安区博物馆收藏。采自南京博物院、台湾成阳艺术文化基金会：《砂壶汇赏》第92页，2004年。

重要环节，最宜用玻璃杯沏泡。

如果选用砂壶泡茶，饮茶则宜细白小瓷盅，茶泡好后倒出饮用，既卫生，又优雅，可谓"素瓷传静夜，芳气满闲轩"。福建省漳浦县博物馆收藏着一套茶具，出土于清乾隆二十三年蓝国威墓。这套茶具由一个白釉墨彩山水人物纹瓷茶盘，四只若深珍藏款白釉堆花小杯和一把紫砂壶组成（图15-12）。白瓷小杯高约4厘米，口径约7厘米；茶壶通高5.2、口径5.6、底径5.6厘米，壶底有"丙午仲夏鸣远仿古"行楷刻款，"鸣""远"阳文篆书印章款，出土时不慎，壶嘴残，这是目前唯一一件出土于绝对纪年墓葬的陈鸣远款紫砂作品。陈鸣远，名陈远，字鸣远，号鹤峰，又号石霞山人、壶隐，清康熙至雍正年间人，清初最著名的紫砂陶艺家。墓主蓝国威（？—清乾隆二十一年），清康熙六十年贡生，轻骑都尉，同墓出土的锡茶叶罐内装有茶叶，并有"素心"墨书纸条，应为茶叶的品名，同时还有小端砚、墓主印章等物一起出土。

一人神饮用小壶。明代人冯可宾在《岕茶笺》中说："紫砂茶壶以小为贵。每一客，壶一把，任其自斟自饮，方为得趣。小壶泡茶，容易将茶香泡出来，且不涣散。茶中香味，不先不后，只有一时。太早则未足，太迟则已过。见得恰好，一泻而尽。"现在台湾还有一种饮茶方式是同时使用一高一矮两件茶杯，将

图15-12-1 清雍正乾隆鸣远款紫砂壶。高5.2厘米,口径5.6厘米,足径5.6厘米,福建省漳浦县博物馆藏。采自南京博物院、台湾成阳艺术文化基金会:《砂壶汇赏》第82页,2004年。

图15-12-2 鸣远款紫砂壶底

图15-12-3 白釉墨彩茶盘和白釉堆花茶盅。高3厘米,福建省漳浦县博物馆收藏。采自南京博物院、台湾成阳艺术文化基金会:《砂壶汇赏》第82页,2004年。

泡好的茶倒入高为 5 厘米、口径 3 厘米左右的深腹杯内，再扣入矮杯中，饮者先凑近嗅其香味，而后再饮倒入浅腹小杯内的茶。不知这种饮茶法是否受到西方葡萄酒饮法的影响。直接饮和嗅的感觉是不同的。不早不晚，在茶香被好水沁出来的那一刻，将茶一倾而进地入口，茶水顺着喉咙流入体内，沁入血液，茶香则熨向脑际，清新之气逸满全身，是一种平静中的美，柔极了。这茶间的清逸之气与喝酒的感觉完全不同，喝酒是要喝出豪气的——怒发冲冠，将栏杆拍遍。

南京博物院不仅收藏有品茗图花盆，也藏有李白醉酒图花盆（图 15-13）。这件花盆的工艺、造型和绘画风格与浅绛彩品茗图花盆同出一辙。画面绘李白醉着，斜倚于梧桐树下山石边，两稚童乘机偷饮。唐代诗仙李白与贺知章、王琎、崔宗之、李适之、苏晋、张旭、焦遂等人曾结为酒中知己。李白好友、诗圣杜甫有《酒中八仙歌》，诗中吟李白的四句是："李白斗酒诗百篇，长安市上酒家眠。天子唤来不上船，自称臣是酒中仙。"花盆另一面墨书的正是后二句。诗后有题款，作者和绘瓷画的时间与品茗图花盆相同，但是醉酒图与品茗图所表现的人物形象和意境却大相径庭，即使书童也是如此，一边忙着端茶奉主，而另一边却私饮微醺。

想消愁，去饮酒。何以解忧，唯有杜康；五花马，千金裘，

图 15-13　清光绪浅绛彩李白醉酒图瓷花盆，高 28 厘米，口径 37 厘米，足径 19.3 厘米，南京博物院收藏。采自徐湖平主编：《中国清代官窑瓷器》第 479 页。

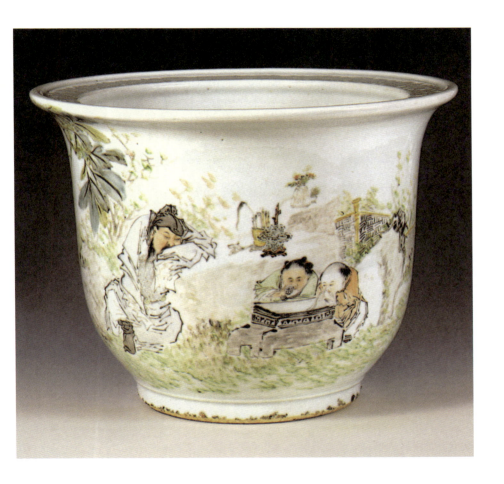

恰如灯下故人

呼儿将出换美酒,何等的豪气!但是,请君莫忘了——抽刀断水水更流,举杯浇愁愁更愁。自古以来,买醉哪能一醉方休。

有人说,喜欢读书和饮酒的人是最有品位的,因为他们懂得怎样使自己爽起来。我完全同意,但是,还要加上一句,饮完酒,请来喝茶——欲清心,来喝茶。喉吻润,发轻汗,平生不平事,尽向毛孔散;肌骨清,通灵仙,习习清风生,何处惹尘埃。

用一人神饮的方式饮茶,比较容易在壶的表面形成包浆。紫砂壶的包浆是指在紫砂壶表面,由于光的漫射而体察到的一种光感,好的包浆,看上去如同炒熟的板栗壳,手感珠圆玉润。泡过热茶的紫砂壶,热气滋养着壶胎,饮茶人一边品茗,一边摩挲着砂壶,实际上就是在为紫砂壶"抛光"。人在与紫砂壶的交流中产生着无以名状的情感,世界仿佛不复存在,心变得异常平静。你会觉得,此时,不需要任何的语言安慰,而专心于茶带来的感受,惬意极了。当紫褐色的砂泥表面在摩挲中逐渐发亮,呈现古铜色,好像罩了一层壳时,包浆就形成了。紫砂壶要用,要与它摩挲交流,才能焕发出它的光彩,它的神韵。紫砂壶品位高贵,贵在砂质。只有用上等紫砂泥和高超的修坯工艺——明针工夫——制壶,恰到好处的火候烧制,加之使用得当,经过用壶者一段时间的摩挲,才能在紫砂壶的表面形成包浆。

正确卫生的饮茶养壶(即形成包浆的过程)方法应该是,在饮茶之前要净手涤壶洗杯。民间传说以油手抹壶，易成包浆的说法是没有根据的。这一点在明人周高起著《阳羡茗壶系》中已经有详尽的说明："壶人用久，涤拭日加，自发暗然之光，入手可鉴，此为书房雅供。若腻滓斓斑，油光烁烁，是曰'和尚光'，最为贱相。"

二人饮茶为胜饮，非常美妙。"九日山僧院，东篱菊也黄。俗人多泛酒，谁解助茶香。"这是唐代诗人皎然的一首茶诗《九日与陆处士羽饮茶》。这位陆处士是《茶经》的作者，被后人奉为茶圣的陆羽。寂静的寺院，篱笆下开着菊花。二位情趣相投的挚友，一边品茗，一边参禅论道，菊香伴茶香，多么惬意。

至于三四人、五六人、七八人大家饮茶，都各有各的乐趣。这里，饮茶成为使自己与外界保持平衡的一种生活方式。

人在旅途，可以不知道自己从哪里来到哪里去，也许这样才使人生更浪漫，更具传奇色彩；但是，应当有与外界保持平衡的勇气和智慧，快乐地领略人生，颐养天年。

十六 想起了外销紫砂壶

在上一篇《也可以清心》中，曾经提到过宜兴紫砂壶。实际上，宜兴紫砂壶的产地在宜兴南面，离宜兴四十多公里的丁蜀镇，中心地带在蜀山周围，这里有七千年的制陶历史。丁蜀镇由丁山（又称鼎山）、蜀山和汤渡三大区域组成，著名的宜兴紫砂工艺厂、紫砂研究所就在蜀山脚下，蠡河岸边。蜀山很美，是座海拔高度仅59.3米，方圆十余公里的小山，山上铺满植被。它孤单地卧在蠡河边，静观紫砂四百余年兴衰（图16-1）。它原来应该只是一个小山丘，晚明至民国时期，在山坡上烧窑，堆积废品扩大了山的面积，在山丘的边缘，紫砂碎片随处可见。

图16-1 2007年夏日的蜀山蠡河夕照。霍华摄。

蜀山东麓的显圣寺，始建于东吴赤乌三年（240），后在战乱中倒毁，1994年重建，2006年完工。扩建后的显圣寺，五座大殿依山而建，三座主殿层层递高，黄瓦黄墙红墙柱，被半包于苍翠的山林之中。蜀山的西坡下，是一条200多米长的明清老街。其实，老街只不过是一条不到两米宽的石板路，两边是悬梁吊柱的两层老屋（图16-2）。老屋下层，木椽相拼成的天花板就是楼上的地板。老街1996年被定为市级文物保护单位。靠山一侧的房屋，后屋抵着山坡，另一侧的后屋面临直通太湖的蠡河，河上不时有满载黄沙、陶缸和被蒙得严严实实的驳船通过，最

图 16-2　蜀山脚下的老街。霍华摄于 2007 年夏日清晨。

十六　想起了外销紫砂壶

长的船队由十余条船相连,蜿蜒二三百米,前后要用高音喇叭联络。改革开放以后,除了不愿走的老人们,老街的大部分人家都搬到开发快、面貌变化大的丁山(鼎山)去了,而将老屋租给了来打工的外地人。现在的老街上,操着贵州、安徽、苏北和四川口音的年轻人忙碌着,做壶的当地中年人,只剩下一两家。其中一位专门做紫砂泥料生意的赵先生说,他是长子,奉行长子不离家的古训,还守在这条老街上,他的两个弟弟,都搬到交通方便、住房条件好的丁山去了。近年来,也有艺术院校的毕业生在这里开了陶吧,游人可以在此习做紫砂。老街沿着蜀山山脚向南蜿蜒,它的尽头是蜀山南麓的东坡书院。《丁蜀镇志》记载:相传宋神宗元丰八年(1085)九月,苏东坡来阳羡,登独山,见独山与周围群山互不相属;远眺太湖如镜,青山叠翠,曰:"此山似蜀。"从此,人们将独山改成蜀山。相传,苏东坡在蜀山买田种菊,在山坳中创筑书堂。明清时期,东坡书院两次重建两次被毁。1982年,当时的宜兴县政府在蜀山重修了东坡书院,现在,书院内陈列着历代碑刻九方。

蜀山周围的村子里,家家做紫砂,以家庭为单位接订单。蜀山人都非常勤劳,山坡上只要有桌子大的土地,老人们都会将它平整成菜地,种上南瓜、山芋或者点上毛豆;清晨黄昏,年轻人打泥片的啪啪声,声声不断。这里,砂壶饮茶习俗浓厚。我

图 16-3 边卖菜边饮茶的老人

曾经在蜀山工作过半年,早晨买菜时,就经常看到一位耄耋老农,有着矮小的身躯,古铜色的脸庞布满皱褶。他卖菜的时候,也带着砂壶和白瓷小杯,蹲在路边,边卖菜边饮茶(图 16-3),而且还经常更换砂壶,那些砂壶并不精美,但是上面刻着山水纹或者行楷诗句,有几把壶的壶身和壶盖不是原配,老农也不当回事。不知为何,此情此景,真让我感动。

夏日傍晚,蜀山葱郁。它的脚下,村庄林立,稻田葱葱。远望四周,东面,太湖烟波浩渺,宁杭高速公路和高铁线路从北面蜿蜒而来,车闪而过,南面连向西面的尽头是层峦叠嶂,那是天目山余脉之延伸,蜀山被阔阔地半包围在它的怀中;北面,大地伸展,房舍农田,在晚霞的映照下,一切是那样宁静。

蜀山的紫砂壶是神秘而美妙的。

蜀山砂壶的神秘在于它的起源和泥料。紫砂壶的起源扑朔迷离,以时大彬壶为代表的早期优秀紫砂传世品的真伪众说纷纭;紫砂泥原料,在蜀山周围的价格,从几块钱到几十元一斤,悬殊极大。紫砂茶壶之所以为茶壶中的品质最优良者,根本的自然因素就是它的泥质。在丁蜀镇的黄龙山,山腹中的甲泥里,包裹着一层"泥中泥"——紫砂泥。紫砂泥开采回来以后,还要经过腐蚀、选料、粉碎、过筛、搅拌、沉淀、练泥等工艺,才得以使用。其微观结构是"一种多种矿物共生的黏土团粒结构,其气孔分布呈双重气孔结构特征,矿物组成属富铁的黏土—石英—云母三元系",这种双重气孔结构特征,使得紫砂器的透气性能颇佳。正因为它具有这样的透气性能,使它既具有深沉的美感而又宜茶,得到喜茶人的厚爱;也正是这种微观结构,使得一般人仅凭眼力很难识别紫砂泥料的优劣、纯度,以及丁蜀紫砂原料和外地原料的不同,这就更为宜兴紫砂壶增加了些许神秘色彩。丁蜀紫砂泥料有许多种类,它的配比和处理也是一种专门技术,旧时曾有紫砂泥"取用配合,各有心法,密不相授"之说。

蜀山砂壶的美妙在于,它和茶不可分离,是集审美与实用于一器的工艺品,要充分领略它的美感,必得懂茶而喜饮之,在饮茶中与之交流，美妙之感顿时油然而生。在人和茶、砂壶的交流中，它会愈来愈美，如果仅仅由于它的所谓经济价值而收藏，束之高阁，则难以得到这种审美愉悦感。

清代，浙江宁波，广西钦州和广东潮州等地也开始生产紫砂器，但是，其产量和质量都远远不敌宜兴紫砂；其他地方，如安徽皖南和山东淄博也有"紫砂泥"原料，人们以往并不重视，近二十年来，由于紫砂热，特别是近年来宜兴当地已经将黄龙山紫砂泥矿封存，外地紫砂原料不顾宜兴地区不许外地紫砂泥"入境"的"禁令"，乘虚而入。

我因为喜欢喝茶，所以也有两把砂壶，那是两把大小差不多的石瓢壶。在斟饮中发现，同样的茶，同样的水，同样的沏泡时间和方法，我那两把砂壶泡出的茶居然茶香程度有别。第一把在茶水出壶时，注入玻璃杯的瞬间，茶香沁人，倍感清心，连不懂茶的年轻人也不禁点头赞叹；而用第二把砂壶泡茶时，茶也好喝，但是似乎总缺少茶水出壶时的那种清香感。于是觉得奇怪，便仔细观察茶壶，想从胎子的观察中找到答案。看来看去，胎色是一样的，胎质也看不出大的区别。真搞不明白，也许真是由于两把壶的泥质不同吧。

紫砂壶的制作成形工艺，有不用模具纯手工、模具泥片成形、拉坯成形和模具灌浆成形四种。工艺难度最大的是第一种，泥质越好的泥越软，在柔软的泥条上，完全凭手上的感觉来把握力度和壶的形状，需要有极高的技巧和相当的练历时间，一位紫砂高级工艺师一个月只能做几把砂壶。紫砂壶拉坯和灌浆成形工艺所用的泥料中要加入少量不妨碍使用的其他原料，它的工艺简单，工效高。

明末清初名士王士禛在《池北偶谈》中说："近日一技之长，如雕竹则濮仲谦，螺甸则江千里，嘉兴铜器则张鸣岐，宜兴茶壶则时大彬，浮梁流霞盏则昊十九，皆知名海内。"可见时大彬紫砂壶当时就跻身于上等工艺品之列，由此，引起当时来中国的西方人的注意，引起朝廷的注意。每一种工艺品在它发展的每一个阶段，都有代表其最高工艺成就的作品，紫砂壶也不例外。紫砂壶最高工艺成就的代表，在明末清初17世纪下半叶和18世纪前20年，是外销紫砂壶，在18世纪20年代到18世纪下半叶是宫廷紫砂壶，1800年前后开始，也就是乾隆末年和嘉庆时期，以曼生壶为代表的文人壶，独领砂壶风骚百余年。它雅俗共赏，江浙一带的文人雅士、民间爱茶人只知"文人壶"。

明末清初时期，瓷器外销掀起热潮，紫砂壶也裹挟其中，同外销量上千万件的瓷器相比，紫砂壶的外销量显得那样微不足道。当时在宜兴蜀山的砂壶产地，由于是小手工业生产，作坊之间鸡犬相闻，老死不相往来，一批货物订单做完，这批货物就被蠡河的水波送走，在当地立刻就悄无声息了。而在遥远的西方，紫砂壶作为舶来品，在当时被使用，被仿制，随着岁月的流逝，它们在民间和博物馆中也被收藏。也许与欧洲人的理性传统有关，许多欧洲博物馆的藏品都有收藏时间的明确记录，这为我们今天认识这些在本土已经基本消失的紫砂壶带来极大的方便。宜兴紫砂壶外销欧洲的高潮期，大约是在17世纪下半叶到18世纪中叶间，以朱泥器为主，葡萄牙语称之为"钵开饶"（Boccaro），英语称之为"红色瓷器"（red porcelain）、"朱砂瓷"（porcelain rouge）。德国、英国和荷兰等国家，在仿制成功中国的瓷器之前，就成功地先仿制出紫砂器。因为在当地，相对于瓷器的原料，类似紫砂的原料要好找得多。但是，这些情况，砂壶的故乡人似乎并不了解，国内民间只知曼生文人壶。

　　20世纪80年代以来，随着中西方文化交流的日益频繁，直到20世纪末，砂壶故乡的人们才渐渐了解，在大洋彼岸有那样别开生面的砂壶，它们与中国大陆常见的文人壶，即所谓曼生壶的审美意象大相径庭，而这又启发我们，曼生壶的成就，其实是站在先人的肩膀上而成就的。

　　外销紫砂壶的重要特征之一是装饰题材十分具有中国情调，例如，松竹梅纹，它们分别出现或者以岁寒三友的组合表现，牡丹、螭虎龙、蝙蝠、攀枝娃娃，以至于还有像魁星点斗这样

独具中国文化风采的题材,这是外销紫砂壶在18世纪欧洲的"中国风"中,能够迎合欧洲市场的重要原因。

大英博物馆收藏的贴印花魁星点斗纹六方紫砂壶就是这样一件代表作(图16-4)。紫砂壶上的文魁星作手舞足蹈式,纹样上还有星斗。魁星点斗纹也是晚明时期民窑青花瓷上的常见纹样。

印花化生纹紫砂壶,高15厘米(图16-5-1)。这种手持莲花的儿童形象在宋代被称作"化生",在瓷器上经常出现,现在多被称之为攀枝娃娃(图16-5-2),它也是晚明清初青花瓷上的常见纹样(图16-5-3)。纹样上,胖胖的娃娃,身着肚兜,手持莲

图16-4 清康熙雍正印花魁星点斗纹六方紫砂壶。高15厘米,大英博物馆收藏。采自英文版和法文版《中国清代外销紫砂壶》No.217。

图 16-5-1 清康熙雍正印花化生纹紫砂壶。高 15 厘米,台湾成阳艺术文化基金会收藏。采自南京博物院:《紫玉暗香》第 173 页,江苏文艺出版社,2008 年。

图 16-5-2 宋青白瓷印花化生纹瓷枕。高 12.4 厘米,纵 18.4 厘米,横 11 厘米,1956 年南京市板桥工地出土,南京博物院收藏。采自《南京博物院》。

十六 想起了外销紫砂壶

图 16-5-3 明隆庆青花化生纹瓷碗。高 9 厘米,故宫博物院收藏。耿宝昌主编:《故宫博物院藏文物珍品大系·青花釉里红(中)》159号。

花,具有浓厚的东方文化色彩和民间意趣。根据收藏记录,这类纹样的砂壶,传入欧洲的时间是 1700—1725 年间,在荷兰的阿姆斯特丹国立博物馆和欧洲私人的收藏中,也有这样的化生纹紫砂壶。这种情况符合紫砂当时作为外销商品的历史状况。

在欧洲的外销紫砂壶中,除了印花外,贴花是另一种常用的装饰手法。

贴花松竹梅纹多穆壶,清康熙至雍正早期(图 16-6)制品。如此大容量的紫砂壶,殊为罕见。"多穆"是藏语,原意为盛酥油的桶,口缘上加僧帽边,又添加把手和流,遂成为壶,亦可盛酒。这把多穆壶构思奇巧,松钮、竹嘴、梅把,壶口贴着螭虎龙和蝙蝠,器身贴满梅枝竹叶和牡丹花。在中国文人意识中,松、竹经冬不凋,梅花迎寒开花,象征着高洁的品质,被誉为

图16-6 清康熙雍正贴花松竹梅纹紫砂多穆壶。高34厘米,口径8.6厘米,足径12.2厘米,台湾成阳艺术文化基金会收藏。采自南京博物院、台湾成阳艺术文化基金会:《砂壶汇赏》第184页,2004年。

图16-7 清康熙雍正贴花缠枝花卉纹紫砂多穆壶。德国德累斯顿陶瓷博物馆(茨温格宫殿内)收藏。采自英文版和法文版《中国清代外销紫砂壶》第226页。

十六 想起了外销紫砂壶

"岁寒三友"；牡丹是富贵花，好看而寓意吉祥。多穆壶是蒙、藏式器物造型，元代青白瓷中就曾经出现多穆壶，此后基本断烧，直到清代康熙朝，这种用汉族纹样装饰的多穆壶才又出现。在德国茨温格宫殿内的德累斯顿陶瓷博物馆（Porzellansammlung Zwinger Dresden）中，也收藏有这样的紫砂多穆壶（图16-7），记载的收藏时间是1700—1725年（清康熙三十七年至雍正三年）。这两件多穆壶的时代风格与这一记载相吻合。

从某种意义上说，一个外族文化对本土文化的审视，会更加敏感，更加宽泛，更加大胆，而当它参与本土文化时，也更加具有创造性。

镂空紫砂壶，是另一种在大陆很少见到，而在1700—1725年的外销砂壶中却为数不少的紫砂壶。在中国，镂空的装饰手法非常古老，7000年前的新石器时代，它就在陶器上面出现了，那空灵的感觉，给人无以言状的美感。镂空梅花纹紫砂壶，高20厘米（图16-8），造型端庄，工艺极其精湛。壶嘴和壶把为梅桩，壶身二层胎体，外层镂空梅花纹，梅杆如虬龙盘结，梅朵或绽放或含苞，欧洲人有在高档工艺品上镶金属的习俗，他们将这把镂空梅花纹紫砂壶的嘴、壶钮和座子镶上金属，这真是锦上添花，砂壶在典雅中透出华丽，既美观又更加耐用。镂空虽然是中国古代的传统装饰手法，但一般都是局部镂空，像这样

图 16-8 清康熙雍正镂空梅花纹紫砂壶。高 20 厘米，台湾成阳艺术文化基金会收藏，1995 年购于德国乌兹堡（Wuerzburge）。采自南京博物院：《紫玉暗香》第 187 页，江苏文艺出版社，2008 年。

大胆的满腹镂空装饰很少。

无独有偶，南京博物院收藏着一件战国时期的错金银镂空梅花纹青铜壶。它的发现，还有一段故事。1982 年正月初七，新春伊始，江苏省盱眙县南窑庄一带的农民们就开始挖水渠平整土地，马湖店村的新郎官万以全来迟了，大家将一块比较高的田埂留给他挖，谁也没有想到，他一锹挖下去，竟触到了一个金光闪闪的金兽。后来经测试，金兽重 9100 克，含金量 99%，通高 10.2 厘米，身长 16 厘米，身宽 7.8 厘米，空腹，浇注成形。更奇特的是，金兽严严实实地盖在一件错金银镂空梅花纹青铜

壶上，壶内装满黄金，其中，9块半金饼重2864克，15块马蹄金重4845克，11块金郢爰重3260克。万以全将它们全部送由国家收藏（图16-9、10）。错金银镂空梅花纹青铜壶的壶身上有一层网套，网套由96条卷曲的龙和576枚梅花钉交错套扣而成，异常精致华美。网套的中间有铜箍，箍上有四面对称的兽首衔环和倒垂的瑞兽雕塑，壶上装饰着精美的错金银纹饰。错金银装饰的制作技法是，在青铜器上刻出纹样线条的槽子，嵌入金丝或者银丝，再打磨光洁；嵌入金丝的称错金，嵌入银丝的称错银，它是战国时期的高端装饰技法。壶的口沿、圈足上刻有铭文

图16-9　金兽和陈璋壶。模拟出土时情景，陈璋壶高24厘米，南京博物院收藏。采自南京博物院赴日展览宣传册。

图 16-10 陈璋壶、金兽和金货币在展览中。南京博物院收藏。霍华摄于 2003 年南京博物院院庆展览。

40 字，标明了青铜壶的重量，圈足上所刻铭文中有"陈璋伐匽（燕）"字样，记录的是公元前 315 年齐国与燕国的战争。现在人们亲切地称之为"陈璋壶"。

清代乾隆朝吴骞在《阳羡名陶录》中说，宜兴人制作砂壶"制度精而取法古，迄乎胜国诸名流，出凡一壶一卣，几与商彝周鼎并为赏鉴家所珍"。是的，我们今天看到的传统紫砂壶都是古色古香，造型皆有出处，但是，这件战国陈璋壶出土于 1982 年，而根据欧洲博物馆的收藏记录，这一类镂空梅花纹紫砂壶

十六 想起了外销紫砂壶

的收藏年代是1700—1725年，它的制作时间也应该是这一时期。如果说，紫砂金彩的装饰是在模仿汉代的贴金箔漆器（图16-11、12），但这毕竟是从汉代流传下来，有一定数量，后世得以一见的漆器，而这样的镂空梅花纹青铜壶却是孤品，且窖藏于地下。这样两件材质不同、造型不同、用途不同的"壶"，跨越两千余年时空，在这里相会，多么奇妙。

外销砂壶中，有不少以竹子为题材，有镂空竹纹壶，还有束竹壶、竹段壶。有趣的是宫廷紫砂壶于紫砂上面再描金，追求的

图 16-11 西汉彩绘贴金银箔漆奁。高 9.5 厘米,安徽省天长博物馆收藏。采自傅举有:《中国漆器全集·3 汉》255 号,福建美术出版社,1998 年。

是皇家的华贵美感(图 16-13);而欧洲人似乎更对具有中国特色的束竹壶、竹段壶感兴趣(图 16-14)。这是一把束竹斑竹壶,造型甚至有些"怪",也许会有人认为它是仿制品,但它原来却是欧洲的私人收藏。斑竹,也就是湘妃竹,是"中国一绝"。欧洲没有斑竹,也许正是湘妃竹凄美的传说,这种中国情调吸引了西方人。当然,人们也不会知道二百余年后,毛泽东吟咏出了"斑竹一枝千滴泪,红霞万朵百重衣"的诗句。"文化大革命"中,在那没有书读的年代,年幼的我就是从这首《七律·答友人》中,知道这种美妙而伤感的斑竹的。

宜兴紫砂外销壶,确切地说是蜀山砂壶,从 17 世纪下半叶开始,将紫砂壶的赞歌唱到了欧洲。这引起了我们多少回忆……

十六 想起了外销紫砂壶

图16-12 清康熙雍正印花金彩狮子纹紫砂壶。高10.5厘米，德国德累斯顿陶瓷博物馆收藏（茨温格宫殿内）。采自英文版和法文版《中国清代外销紫砂壶》No.210。

图16-13 清描金竹段紫砂壶。高15.5厘米，故宫博物院收藏。采自王建华主编：《宜兴紫砂》第149页，紫禁城出版社，2007年。

图16-14 清斑竹束竹式紫砂壶。高15厘米，台湾成阳艺术文化基金会收藏。采自南京博物院：《紫玉暗香》第198页，江苏文艺出版社，2008年。

"幽雅阅读"丛书策划人语

因台湾大学王晓波教授而认识了台湾问津堂书局的老板方守仁先生，那是2003年初。听王晓波教授讲，方守仁先生每年都要资助刊物《海峡评论》，我对方先生顿生敬意。当方先生在大陆的合作伙伴姜先生提出问津堂想在大陆开辟出版事业，希望我能帮忙时，虽自知能力和水平有限，但我还是很爽快地答应了。我同姜先生谈了大陆图书市场过剩与需求同时并存的现状，根据问津堂出版图书的特点，建议他们在大陆做成长着的中产阶级、知识分子、文化人等图书市场。很快姜先生拿来一本问津堂在台湾出版的并已成为台湾大学生学习大学国文课的必读参考书——《有趣的中国字》(即"幽雅阅读"丛书中的《水远山长：汉字清幽的意境》)一书，他希望以此书作为问津堂出版社问津大陆图书市场的敲门砖。《有趣的中国字》是一本非常有品位的书，堪称精品之作。但是我认为一本书市场冲击力不够大，最好开发出系列产品。一来，线性产品易做成品牌；二来，产品互相影响，可尽可能地实现销售的最大化，如果策划和营销到位，不仅可以做成品牌，而且可以做成名牌。姜先生非常赞同，希望我来帮忙策划。这样在2003年初夏，我做好了"优雅阅读""典雅生活""闲雅休憩"三个系列图书的策划案。期间，有几家出版社都希望得到《有趣的中国字》一书的大陆的出版发行权，方先生最终把这本书交给了我。这时我已从市场部调到基础教育出版中心，2004年夏，我将并不属于我所在的编辑室选题方向的"幽雅阅读"丛书报了出版计划，室主任周雁翎对我网开一面，正是在他的大力支持下，这套书得以在北大出版社出版。

感谢丛书的作者，在教学和科研任务非常繁重的情况下，成全我的策划。我很幸运，每当我的不同策划完成付诸实施时，总会有一批有理想、有追求、有境界，生命状态异常饱满的学者支持我，帮助我。也正是由于他们的辛勤工作，才使这套美丽的图文书按计划问世。

感谢吴志攀副校长在百忙之中为此套丛书作序并提议将"优雅"改为"幽雅"。吴校长在读完"幽雅阅读"丛书时近午夜，他给我打电话说："我好久没有读过这样的书了，读完之后我的心是如此之静……"在那一刻我深深地感觉到了一位法学家的人文情怀。

我们平凡但可以崇高，我们世俗但可以高尚。做人要有一点境界、一点胸怀；做事要有一点理念、一点追求；生活要有一点品位、一点情调。宽容而不失原则，优雅而又谦和，过一种有韵味的生活。这是出版此套书的初衷。

杨书澜

2005年7月3日